19

t

2008- 1
(may

DANS LA MÊME COLLECTION

Connectez-vous sur :
www.lamartiniere.fr

© 2006, Éditions de La Martinière,
une marque de La Martinière Groupe, Paris

PROBLÈMES DE PEAU
QUELLES SOLUTIONS ?

Texte
Marie-Christine Colinon

Illustrations
Gloria

De La Martinière

SOMMAIRE

KILL BOUTON

À Sandra et Hugo.
M.C.C

oblèmes de peau ?

ut comme la silhouette, la peau revêt une grande impor-
nce dans notre société actuelle. Elle est un peu notre
arte de visite", notre première relation aux autres, car la
emière image que nous offrons de nous-mêmes.

lors, lorsqu'elle est affligée de boutons, de plaques, ou
utres rougeurs, c'est plutôt la « galère ». Et, malheureusement, nos « plus belles années » ne sont pas franche-
ment épargnées par ces défigurations. Acné, verrues,
allergies, etc. semblent s'être donnés le mot pour flanquer
par terre tous nos projets et tous nos rêves.

Par chance, depuis quelques années, les médecins se sont
enfin penchés sérieusement sur le problème. Petits ou gros
défauts de la peau ont aujourd'hui des solutions vraiment
efficaces. Il est possible de s'en débarrasser relativement
facilement, avec quelques recettes simples ou quelques
médicaments. Pourtant, à peine la moitié des adolescents

se soignent. Les autres se contentent de subir et de rentrer dans leur coquille...

C'est pourquoi nous avons désiré vous informer et vous armer le mieux possible pour faire face à tous ces désagréments mineurs, mais qui peuvent peser si lourd sur le moral.

Si vous étiez frappés par tous les malheurs qu'évoque cet ouvrage, vous ressembleriez davantage à un crocodile qu'à un être humain. Heureusement, ce n'est pas possible, tous ne vous concerneront pas... ou du moins, pas en même temps. Mais nous souhaitions vous offrir le maximum de chance de trouver réponse à VOTRE problème.

Nous espérons que ces informations vous permettront de gagner la « guerre des boutons », à faire pâlir de jalousie vos copains et vos copines. Si vous leur voulez du bien, rien ne vous interdit de partager avec eux votre science toute neuve.

1

Quel est l'adolescent qui ne vit pas l'acné comme une malédiction ? Attendue et banale, certes, elle n'en est pas moins insupportable ! Car ses horribles boutons s'allument toujours aux moments les plus critiques : la veille du week-end tant attendu ou de la fête dont on se faisait une telle joie ! À moins qu'ils ne nous harcèlent sans répit, gâchant du même coup nos plus belles années ; c'est du moins ainsi que nous le vivons, car notre regard dans le miroir est souvent plus cruel encore que celui des autres... Pourtant, pas question de baisser les bras ! Si ce fléau a empoisonné l'adolescence de toutes les générations précédentes, aujourd'hui, c'est fini : la médecine en fait son affaire. La preuve que ses traitements marchent ? Alors que l'acné touche huit adolescents sur dix, on est loin de retrouver cette proportion au Top 50. Prenez des acteurs comme Jean-Baptiste Maunier (des *Choristes*), Daniel Radcliffe (*Harry Potter*), ou des chanteuses comme Alizée, Lorie, etc. : pas la moindre petite rougeur suspecte ! Conclusion : il suffit de se soigner aussi bien qu'eux. Vous êtes résolu(e) à vous débarrasser de votre acné ? Alors, cap sur les solutions. Suivez notre plan de bataille pas à pas, et bienvenue dans un monde sans acné !

FICHUES HORMONES !

« J'ai commencé à avoir des points noirs à 10 ans, qui se sont transformés en magnifiques boutons vers 13 ans. Depuis, je ne me suis jamais débarrassée de mon acné. Ce n'est pas faute d'avoir essayé : j'ai même consulté deux dermatologues ! La première crème que l'on m'a prescrite me brûlait, j'étais toute rouge. Les antibiotiques par voie orale me donnaient des mycoses vaginales. Le médecin a arrêté le Roaccutane® au bout d'un mois, car mon taux de cholestérol était monté au plafond. Mon nouveau traitement associe un savon au peroxyde de benzoyle et une crème conjuguant antibiotiques et isotrétinoïde. Ça a l'air de marcher. Heureusement, car j'en ai vraiment assez de me ruiner en produits et de passer une demi-heure matin et soir à soigner mon visage. »

Sandra, 19 ans.

Qu'est-ce qui se passe là-dessous ?

La racine du mal se trouve à la racine de nos poils, dans le follicule pileux (micro-trou dans la peau où naissent les poils). À sa base nichent en effet les glandes sébacées, qui fabriquent le sébum. Normalement, cette matière grasse (qui ressemble à de l'huile) a pour rôle de protéger la peau : elle la recouvre d'un film imperméable et empêche son dessèchement. Mais, à la puberté, les glandes sébacées ne se contrôlent plus, elles en font des tonnes ! Car elles sont dopées par le grand chamboulement hormonal...

Petit flash-back... Un beau jour, une glande située dans le cerveau, l'hypothalamus, lance le branle-bas de combat. Elle envoie des hormones qui « réveillent » une autre petite glande du cerveau, l'hypophyse, lui indiquant qu'il est l'heure d'entrer en action. L'hypophyse prend alors la direction des opérations : grâce à ses propres hormones, elle stimule de nombreuses autres glandes comme la thyroïde (dans le cou), les surrénales (juste au-dessus des reins) et les glandes génitales.

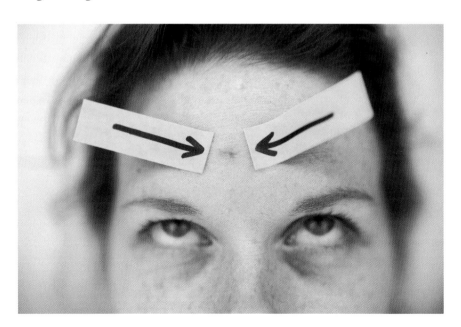

Fille ou garçon, une seule coupable : l'hormone mâle

C'est ainsi que, chez les garçons, les testicules se mettent à fabriquer les hormones sexuelles masculines, les androgènes (la testostérone est la principale), qui vont modifier le sexe, bien sûr, mais aussi le squelette, les muscles, le cer-

Pour aller plus loin
LES IDÉES FAUSSES À LAISSER AU PLACARD

• **Le soleil guérit les boutons** : dans un premier temps, c'est vrai, on note une amélioration, mais quelques semaines après, c'est pire. Car, si le soleil a asséché les boutons en fermant brutalement la glande sébacée, celle-ci va se rouvrir avec un regain d'énergie après ce repos forcé. L'épiderme ayant épaissi au soleil, une armada de boutons incrustés sous la peau ne demande qu'à jaillir en septembre. Si l'on a le moral en berne, ce n'est plus uniquement à cause de la rentrée scolaire ! Pour prévenir ce retour de boomerang, il convient d'utiliser dès les premiers beaux jours une crème solaire qui protège bien.

• **L'acné est due à un manque d'hygiène** : au contraire, certains adolescents aggravent leurs lésions en « récurant » leur peau de façon trop drastique, ce qui tend à activer la formation de sébum et accroît l'inflammation. Une toilette « normale », matin et soir, suffit amplement.

• **Elle est contagieuse** : absolument pas. Même si les lésions contiennent une petite bactérie, celle-ci se développe à l'intérieur des follicules pileux, à l'abri de l'air et de l'oxygène. Sans compter que de nombreuses personnes dépourvues d'acné hébergent cette bactérie au niveau de leur peau.

• **Avoir des rapports sexuels guérit l'acné** : rien à voir ! La sexualité n'entraîne pas la disparition de l'acné. Et ne l'aggrave pas non plus.

• **Manger du chocolat ou de la charcuterie donne des boutons** : aucun lien entre ces aliments et l'acné n'a jamais été prouvé. Vous pouvez sans remords craquer de temps en temps pour un carré de chocolat ou une rondelle de saucisson.

veau… et malheureusement la peau. Chez les filles, les ovaires commencent à produire les hormones féminines (œstrogène et progestérone). Celles-ci modifient, entre autres, le modelé des courbes, en répartissant différemment le tissu graisseux de l'hypoderme, et affinent l'épiderme : c'est pour cette raison que la peau des filles est plus douce que celle des garçons.

Cependant, que l'on soit fille ou garçon, les glandes surrénales sécrètent également de très petites quantités de testostérone. Cette hormone mâle est nécessaire au développement de la pilosité, du désir sexuel… et responsable de l'acné en prime ! Les filles ont évidemment moins d'hormones mâles que les garçons, mais leur organisme y étant plus sensible, cela place les deux sexes quasiment à égalité face à la menace de boutons.

C'est ainsi que, grâce à cette charmante testostérone, on perd du jour au lendemain sa jolie peau de bébé pour se retrouver affligé d'une « peau grasse à problèmes » !

> **Définition**
>
> **Comédon :** petite saillie blanchâtre centrée par un point noir.
>
> **Papule :** nom scientifique du banal bouton rouge.
>
> **Pustule :** nom scientifique pour un gros bouton, très rouge et gonflé, couronné d'un point blanc (ou jaunâtre) parce qu'il s'est infecté.

Pourquoi un adolescent sur dix échappe-t-il à l'acné ?

Comment la testostérone peut-elle « exciter » les glandes sébacées ? Ce n'est pas un mystère. Toutes les glandes sébacées sont munies de récepteurs à la dihydrotestostérone, ainsi que d'une enzyme (appelée 5 alpha réductase), capable de capter la testostérone qui circule dans les vaisseaux pour la transformer en dihydrotestostérone. C'est cette dihydrotestostérone qui stimule les glandes sébacées, afin qu'elles se mettent à fabriquer davantage de sébum (jusqu'à vingt fois plus). Chez certains jeunes, l'enzyme 5 alpha réductase fait du zèle : en « ouvrant la porte » du follicule pilo-sébacé à la testostérone, elle déclenche tout notre cortège d'ennuis.

Sauf cas rarissime de réelle perturbation hormonale, l'acné n'est donc pas due à la présence dans le sang de trop d'hormones mâles. Et si quelques rares petits veinards échappent aux boutons, c'est surtout parce que la réceptivité des glandes sébacées varie d'un individu à l'autre. C'est la « loterie héréditaire ». Selon les gènes dont nous avons hérité, les récepteurs à la dihydrotestostérone sont plus ou moins nombreux et plus ou moins sensibles, déclenchant ainsi une production de sébum plus ou moins abondante. Nous possédons aussi des glandes sébacées plus ou moins grosses, de même que nous avons un front plus ou moins haut, des jambes plus ou moins longues, etc. Sauf que, dans un premier temps, hériter de glandes sébacées « costaudes » n'est pas le plus enviable !

Quand le bouchon devient bouton

Pour la plupart des adolescents français, « puberté » égale « séborrhée » (mot technique signifiant simplement que les glandes sébacées exagèrent leur production !). Noyé sous un « déluge » de sébum, le visage devient gras et luisant, les pores se dilatent. Ce n'est pas encore de l'acné, mais ça en prend le chemin… Car, presque inévitablement, un jour arrive où le canal d'évacuation de la glande sébacée se bouche sous cet afflux de graisse. Le sébum ne peut plus remonter le long du poil pour se déverser à la surface de la peau. Ne nous réjouissons pas trop vite ! La glande sébacée devient comme une petite poche qui continue de se remplir et ne peut plus se vider. Résultat : elle se gonfle de graisse et forme un minuscule kyste blanc, d'où ces granulations que l'on sent en passant le doigt. Puis la petite quantité de sébum présente en surface du microkyste s'oxyde au contact de l'air et se transforme en point noir, ou comédon sous son appellation scientifique. Pour les médecins, ce stade s'appelle l'« acné rétentionnelle ». C'est un début… et cela peut très bien s'arrêter là.

Cependant, souvent, la situation va s'aggraver. Car, comble de malheur, certains germes présents sur la peau, normalement inoffensifs, adorent se gaver de sébum ! Et notamment la bactérie *Propionibacterium acnes*, à laquelle ce phénomène calamiteux doit son nom. Appâtée par le festin, cette bactérie se précipite par le pore dilaté à l'intérieur du follicule et s'y multiplie allègrement : c'est l'infection ! Les petits comédons d'apparence inoffensive se mettent à rougir et se transforment en boutons. Hélas ! 85 % des acnés atteignent ce stade que les médecins nomment « inflammatoire ».

L'inflammation, c'est le pompon !

Comme si tout cela ne suffisait pas, il se trouve que cette cascade d'événements s'accompagne aussi d'une inflammation. Celle-ci participe déjà à la formation des points noirs, mais elle devient plus redoutable encore lorsque la bactérie vient ajouter son grain de sel. Non contente d'élire notre peau comme terrain de jeux, cette dernière libère en effet de nombreuses substances inflammatoires qui font « flamber » l'acné. Les boutons deviennent de plus en plus gros, de plus en plus rouges, de plus en plus vilains et dou-

loureux. Ils s'ornent d'un point blanc (du pus) ou se rejoignent pour former d'horribles pustules. Le cauchemar ! Cette horreur a décidément trop d'armes contre nous ! Et sa victoire se voit comme le nez au milieu du visage… Ce nez d'ailleurs où elle aime tant planter ses comédons, parce que c'est là que se trouve la plus grande concentration de glandes sébacées (900 glandes au centimètre carré !). Mais l'acné ne fait pas la difficile, et ses boutons aiment aussi jeter leur dévolu sur votre cou, votre dos ou votre décolleté. La maladie évolue généralement par poussées entrecoupées de rémissions, sur une période de quatre ou cinq ans. Lorsqu'elle n'est pas trop sévère, elle disparaît comme elle était venue, à partir de 18-20 ans. Les dermatologues ne savent pas précisément pourquoi, sans doute simplement parce que la production d'hormones s'est régularisée. Mais l'acné a aussi de plus en plus tendance à persister, le mode de vie moderne n'arrangeant pas les choses (pollution, changements d'alimentation, etc.). D'où l'intérêt de se soigner bien et tôt. Il existe des parades réellement efficaces, ce serait vraiment dommage de s'en priver.

Les adultes aussi

À l'inverse de ce qu'on a dit pendant des années, l'acné ne disparaît plus avec le mariage ! D'après une récente enquête de la Société française de dermatologie, un quart des adultes en sont encore atteints. Plus d'une femme sur deux voit le tour de sa bouche et son décolleté s'orner de boutons avant les règles (les hormones, toujours !). Plusieurs facteurs de la vie moderne pourraient être responsables : le stress (qui augmente la production de sébum), le tabac (bien connu pour ternir et épaissir la peau), la pollution (qui l'encrasse), les modifications de l'alimentation (plus riche en « mauvaises graisses » et en sucres rapides) et, non des moindres, l'utilisation abusive de cosmétiques.

Le saviez-vous ?

PAS DE POINTS NOIRS CHEZ LES PAPOUS !

Dans certaines tribus reculées de Papouasie-Nouvelle-Guinée ou d'Amérique du Sud, les ados ne connaissent quasiment pas l'acné. La génétique ne suffit pas à expliquer cette chance. En revanche, on s'est rendu compte que les Inuits d'Alaska, épargnés jusqu'à très récemment, ont commencé à avoir des boutons lorsqu'ils se sont mis à manger « à l'occidentale ». Une étude américaine récente accuse le pain blanc, le riz blanc et les biscuits industriels d'être à l'origine du problème. L'hypothèse de cette étude ? Les céréales industrielles raffinées sont très vite digérées, ce qui entraîne une importante sécrétion d'insuline. Or cette hormone – indispensable à l'assimilation des glucides – augmente aussi la libération d'androgènes... qui provoquent une hyperproduction de sébum au niveau des pores. Ce n'est encore qu'une hypothèse, à confirmer par de plus larges études. Mais, dans le doute, on peut déjà se reconvertir aux céréales complètes. De toute façon, elles ne peuvent faire que du bien à notre organisme.

(Archives of Dermatology.)

LE TRAITEMENT IM-PA-RABLE

« J'ai de l'acné depuis mes 11 ans. Je ne supporte plus cette maladie et je ne me supporte plus par la même occasion. C'est vrai que je n'ai pas énormément de boutons, mais pour moi c'est déjà trop. Les antibiotiques ont été efficaces un temps et puis tout est revenu. Je vais prendre un nouveau rendez-vous avec mon médecin. »

Daphné, 14 ans.

« Ma dermatologue m'a prescrit un traitement vraiment performant (une crème et des cachets). J'ai vu des résultats dès la deuxième semaine et je n'ai presque plus de boutons. Si j'avais su, j'aurais consulté plus tôt. Cela dit, un de mes copains a eu le même traitement et ça n'a pas marché pour lui. »

Thomas, 16 ans.

Pour les acnés débutantes

Lorsque les points noirs commencent à parsemer votre portrait, ce n'est pas le moment de jeter l'éponge, en attendant sans rien faire qu'ils se transforment en boutons. En prenant l'acné de vitesse, on peut limiter les dégâts. Adopter sans tarder de bons soins d'hygiène, à l'aide de produits adaptés, suffit souvent à la dompter avant qu'elle ne prenne des proportions catastrophiques. Même si 85 % des ados paient ce tribut à la jeunesse, pourquoi faudrait-il payer le prix fort ? Pour bien s'en sortir, néanmoins, il va falloir consacrer un peu de temps et d'attention à votre peau.

Premier réflexe

Bien nettoyer sa peau matin et soir est indispensable. Mais oubliez l'usage du savon (même de Marseille) pour la toilette des zones concernées. Les savons sont trop alcalins, c'est-à-dire qu'ils suppriment les corps gras de la surface de la peau. En réponse à cet assèchement, la peau réagit en fabriquant davantage de sébum. De plus, les fabricants de savons se croient souvent obligés de les remplir d'additifs (colorants, parfums, etc.), plutôt irritants pour notre épiderme. L'idéal, selon les dermatologues, serait d'utiliser des pains dermatologiques sans savon. Appelés aussi « syndets », ils ont été créés par les pharmaciens américains pour les marins des porte-avions de l'US Navy, mais aujourd'hui on les trouve facilement dans nos pharmacies. Respectueux de l'épiderme, non irritants, ils nettoient la peau en douceur, avec délicatesse. Inconvénients : leur prix est plus élevé et ils moussent moins, parce que leur saponification est incomplète. Mais c'est aussi pour cela que leur pH est proche de la peau (environ 6) alors que les savons ordinaires ont un pH 8 (basique) irritant et asséchant. Des études ont prouvé la différence sur l'apparition de comédons. Pour ceux qui ne veulent pas renoncer au plaisir des bulles, il existe une autre

Définition

pH : abréviation de « potentiel d'Hydrogène ». Cet indice exprime la concentration d'ion hydrogène dans un élément, ce qui revient à définir s'il est plus ou moins acide. Un pH 7 est neutre. Quand il est inférieur à 7, la solution est acide ; s'il est supérieur à 7, elle est alcaline (ou basique, ce qui est synonyme).

Topique : se dit d'un médicament pour usage externe qui agit localement à l'endroit où il est appliqué.

Pour aller plus loin
LA PANOPLIE IDÉALE

• Pour nettoyer, un gel sébo-régulateur, anti-irritant et antibactérien : « Effaclar gel moussant purifiant », de La Roche-Posay (9,15 euros) ou « Cleanance gel nettoyant », d'Avène (10,30 euros).

• Pour hydrater la peau, la crème de soin « AKN Sébium », de BioDerma (10 euros) offre un grand confort cutané. Elle régularise le sébum et le liquéfie : la peau est purifiée.

• Sus aux boutons ! Appliqué le soir sur les boutons, « NC Gel Exfoliac », de Merck Médication Familiale (10,80 euros) les fait régresser à la vitesse grand V.

L'eau de visage « Petch no Petch », du laboratoire André Salkin (22 euros), s'applique aussi uniquement sur les lésions, par petites touches, à l'aide d'un coton-tige. Elle désinfecte, aide les cellules à se renouveler, sans décaper ni dessécher, et supporte le soleil. Elle a été élue produit de l'année 2003 par la rédaction du magazine *Elle*.

On peut trouver (ou commander) tous ces produits en pharmacie.

option : l'utilisation de gels spécifiques qui respectent aussi assez bien la peau (Gel surgras au Cold Cream, d'Avène).

Deuxième étape

Rincez abondamment à l'eau tiède (l'eau chaude ouvre les pores) et séchez soigneusement sans frotter. Crème ou traitement s'appliquent toujours sur une peau bien sèche, mais il faut se montrer doux avec la vôtre. Tout ce qui l'irrite ou l'agresse déclenche une réaction inflammatoire. Si l'eau du robinet est très calcaire chez vous (et votre porte-monnaie bien garni) vous pouvez même pousser le luxe jusqu'à vous laver le visage avec de l'eau thermale.

Troisième phase

L'application de crème est conseillée. Elle protège la peau des méfaits de la pollution, du vent, du soleil, etc. Si vous recourez, même de temps en temps, à des lotions « anti-acné », une crème devient vraiment indispensable pour compenser le dessèchement de la peau induit par les traitements. En revanche, ne choisissez pas n'importe laquelle. Il vous faut une crème de jour hydratante spécialement conçue pour ne pas favoriser la formation de comédons (on les dit « non comédogènes »). Il en existe un grand nombre en pharmacie et en parapharmacie (type « Effaclar hydratant matifiant » ou « Cleanac »). Ces crèmes donnent à la peau un aspect plus lisse et moins brillant.

Ce que vous ne devez surtout pas faire

Le Pr Brigitte Dreno, présidente de la Société française de dermatologie, est très ferme sur les conseils qui suivent. Car, trop souvent, par excès de zèle, on se fait plus de mal que de bien.

Tripoter vos points noirs

On a tellement envie de les retirer qu'ils exercent un attrait irrésistible. Pourtant, en les pressant entre les doigts ou en les grattant, tout ce que vous risquez d'obtenir, c'est d'étendre les lésions au voisinage. Dès qu'on les touche, en effet, on crée une inflammation qui aggrave le problème. En outre, on se met des bactéries sous les ongles que l'on dissémine alentour. Enfin, pour couronner le tout, on risque de favoriser la formation de cicatrices (si l'on appuie jusqu'au derme pour retirer le « bouchon », il restera à la place un beau « trou »). L'usage de tire-comédons (sorte de minuscule cuillère percée d'un trou en son centre que l'on peut se procurer en pharmacie) est un peu moins catastrophique et moins violent. On le presse sur la peau et le point noir sort au milieu. Néanmoins, en abuser revient encore à « titiller » son acné ; autrement dit, à la provoquer. Les comédons s'enlèvent par le dermatologue ou chez l'esthéticienne, une ou deux fois par an. Chaque fois que vous êtes tenté(e) de vous lancer à la chasse devant votre glace, rappelez-vous que si vous résistez à la pulsion, votre acné guérira plus vite.

Agresser votre peau avec des produits asséchants

Qu'ils soient à base d'alcool, de soufre ou d'argile, sous forme de lotions, de masques ou de crèmes, le résultat est le même. Ils ferment brutalement la glande sébacée mais, au bout de quelques jours, elle se rouvre tout aussi brutalement et produit davantage de sébum en réaction. Ces traitements ont donc l'air efficace sur le coup mais, à long terme, ils aggravent la situation. Une peau acnéique ne se brusque pas ; il faut la ménager, la prendre dans le sens du poil, en quelque sorte.

Recourir trop souvent aux gommages

A priori, il paraît sensé d'aider à éliminer les peaux mortes qui obstruent les pores. Le problème, c'est que tout gommage est irritant et relance donc l'inflammation, qui favorise l'acné. Une fois par mois, à la rigueur, vous pouvez craquer pour un produit économique qui conjugue masque et gommage : l'« Exfoliant absorbant, désincrustant 2 en 1 »,

de Galénic (12 euros). Il s'applique sur une peau propre ; on le laisse agir cinq minutes puis on mouille ses mains, on frotte tout doucement ses microbilles et l'on rince. Mais, selon le Pr Dreno, les masques sont aussi inutiles… quand ils n'enveniment pas les choses en contenant de l'argile ou tout autre produit astringent.

Vous tartiner de fond de teint

Le fond de teint est occlusif, autrement dit il bouche les pores. Et la poudre, c'est encore pire ! Le maquillage n'est pas interdit, mais il vaut mieux faire appel à des crèmes hydratantes teintées, qui n'étouffent pas la peau. Certaines sont spécialement conçues pour les peaux acnéiques : non comédogènes et non allergéniques, elles matifient (empêchent le visage de briller comme s'il était badigeonné d'huile). Le choix est large en pharmacie : « Dermablend TM », crème matifiante teintée Exfoliac, Uriage, BioDerma, La Roche-Posay, Avène, etc.

« Pour camoufler boutons et rougeurs, j'utilise un crayon correcteur Cleanance (8,40 euros). La mine verte atténue les excès de coloration rouge (on estompe avec le doigt après l'avoir passée), la mine beige rend la correction invisible (on estompe à nouveau). »

Aurélie, 15 ans.

L'ennemi n'est pas KO ?

Si toutes ces mesures de prévention ne semblent pas suffire, vous pouvez les compléter par une gélule de zinc, prise le matin à jeun. Cet oligoélément est présent en très faibles quantités dans l'organisme (environ 2,5 g), mais c'est un allié précieux pour notre peau. Il interviendrait contre la bactérie responsable de l'acné et limiterait la réaction inflammatoire.

Après avoir brûlé cette dernière cartouche, si vous voyez que votre acné ne se calme pas et aurait même tendance à prendre une ampleur désagréable, là encore, il ne faut pas attendre : consultez un médecin. Il vous permettra d'accéder à des produits plus puissants, vendus uniquement sur ordonnance. Toilette et crème suffisent à traiter environ un tiers des acnés. Mais tout le monde ne peut pas tirer le bon numéro…

Pour les cas assez sévères

Si les boutons se multiplient malgré une hygiène rigoureuse, c'est donc au médecin de se pencher sur le problème. Parmi la panoplie des traitements, il choisira celui qui lui semble le mieux adapté à l'étendue de votre acné et aux types de boutons, rétentionnels ou inflammatoires, qui fleurissent sur votre peau. Car il n'y a pas un traitement idéal, plus efficace que les autres. Chaque médicament a ses cibles particulières.

Quelle que soit la prescription du médecin, pour que celle-ci ait une chance de se montrer convaincante, il faudra que vous fassiez preuve d'un peu de sérieux en la respectant scrupuleusement. S'il vous paraît difficile, voire impossible, de vous plier aux contraintes du traitement, mieux vaut lui dire tout de suite. Vous trouverez ensemble une solution acceptable. Mais si vos boutons vous empoisonnent vraiment la vie, nul doute que vous réussirez à faire un effort. L'attente vous sera peut-être plus difficile. Pourtant, il faut savoir que tout traitement dure au minimum trois mois, et qu'il faut au moins la moitié de ce délai pour commencer à en apprécier nettement les effets. Alors, prêt(e) pour la bataille ? Voici ce qui vous attend.

« Pendant deux ans, j'ai essayé tous les traitements disponibles sans ordonnance. Je ne dirais pas qu'il n'y a jamais eu de résultat. Mais, après quelque

temps, tout revenait comme avant, voire pire. Avec le premier traitement du dermatologue, même chose : il a été efficace mais, quand j'ai arrêté, l'acné est revenue. Le médecin m'a alors prescrit un antibiotique à prendre tous les jours. Cette fois, j'ai l'impression que ça a marché et que je suis débarrassé. Comme quoi, il ne faut pas se décourager. »

Alexandre, 16 ans.

Les anti-acnéiques locaux

En principe, si votre acné est composée surtout de petits kystes, de comédons, avec parfois quelques boutons rouges, le dermatologue vous prescrira une crème à base de vitamine A acide (encore appelée « trétinoïne »). Anticomédons, ces médicaments ont aussi un léger effet anti-inflammatoire, mais ils se révèlent surtout actifs sur l'acné rétentionnelle, car ils freinent la sécrétion de sébum

Le saviez-vous ?

L'ACNÉ A DU BON (MAIS SI !)

Maigre consolation, mais tout de même : si la peau grasse est sujette à l'acné, en revanche, elle se ride moins facilement. Vous vous en moquez aujourd'hui, mais vous verrez plus tard... De plus, selon une étude parue dans un très sérieux journal médical, le *JIM* (*Journal international de médecine*), en juin 2005, les personnes qui ont de l'acné à l'adolescence vivraient plus longtemps. Un « rab » d'années sans boutons pour compenser ? Ce « miracle » s'expliquerait par un autre phénomène que des chercheurs de l'université de Leeds (Grande-Bretagne) ont révélé en 2001. Parce que l'engorgement du follicule déclenche une réaction inflammatoire importante qui stimule l'immunité (en particulier certains globules blancs, les lymphocytes T), l'acné exercerait un rôle protecteur contre les infections et les cancers de la peau. Certains travaux expérimentaux semblent conforter cette hypothèse.

et diminuent l'épaisseur de la peau, en la faisant « peler » davantage, ce qui facilite l'évacuation du sébum. Assez irritants, ces produits peuvent induire une flambée d'acné au début du traitement. C'est pourquoi on leur associe presque toujours un gel ou une lotion antibiotique à appliquer sur les gros boutons rouges. Attention, si vous êtes allergique aux antibiotiques de la famille des macrolides, n'oubliez pas de le dire au médecin !

Les rétinoïdes de la nouvelle génération, Différine® par exemple, sont encore plus efficaces et dessèchent moins la peau. Il existe aussi des produits « 2 en 1 », mélangeant trétinoïne et érythromycine (l'antibiotique le plus prescrit), comme Antibio-Aberel®, Erylik®, Antibiotrex®. On gagne en temps d'application.

Si les lésions inflammatoires sont nombreuses – autrement dit, si vous avez beaucoup de gros boutons très moches –, les médecins préfèrent souvent remplacer la lotion antibiotique par une crème à base de peroxyde de benzoyle. Elle agit aussi contre les bactéries, mais possède une action plus marquée sur l'inflammation. En théorie moins irritante que les rétinoïdes, elle peut cependant provoquer quelques rougeurs, qu'on limitera en appliquant une double dose de crème hydratante.

Le duo gagnant s'applique généralement chaque soir, ou au minimum en alternant : la crème rétinoïde un soir, l'antibiotique ou le peroxyde de benzoyle le lendemain soir. Il faut soigner l'ensemble du visage, et pas seulement les boutons. Comme ce traitement est irritant, oubliez tous vos anciens produits « anti-acné ». Ce qu'il vous faut, c'est une crème très hydratante (on dit aussi « émolliente ») que vous mettrez tous les matins pour contrebalancer les effets asséchants et irritants du soin, comme la crème « CleanAc », d'Avène (11,65 euros le tube de 40 ml).

Les traitements qui s'avalent

La majorité des acnés reculent devant ces soins externes quand on les poursuit pendant au moins trois mois. Mais parfois, dès qu'on suspend le traitement, les boutons reviennent et s'étendent même au niveau du dos et du tronc. Dans ce cas, votre médecin va probablement ajouter aux crèmes précédentes un antibiotique en comprimé (en général de la famille des cyclines), à prendre à nouveau pendant trois mois. Et sans doute aussi des gélules de zinc, vendues uniquement sur ordonnance (Rubozinc® ou Effizinc®) : cet oligoélément aux propriétés anti-inflammatoires aide à réguler la séborrhée. Pendant trois mois vous prendrez deux gélules (de 15 mg) par jour, le matin à jeun, avec un grand verre d'eau ; puis pendant encore trois mois, vous passerez à une seule gélule quotidienne.

La photothérapie, un espoir ?

On en parle depuis presque dix ans. Des médecins qui traitaient des patients pour autre chose ont apparemment constaté une très nette correction de l'acné par l'utilisation de laser. Du coup, des centres de photothérapie (traitement faisant appel aux rayons lumineux) se développent aux États-Unis et certains instituts commencent aussi chez nous à promettre monts et merveilles. Méfiez-vous : leurs séances coûtent très cher alors que cette technique n'a jamais réellement fait la preuve de son efficacité. Les chercheurs

Le saviez-vous ?

COMPRENDRE SON TRAITEMENT

• Si le médecin vous a prescrit l'une de ces crèmes : Aberel®, Curacné®, Effederm®, Isotrex®, Kétrel®, Locacid®, Procuta®, Retacnyl®, Roaccutane gel®, etc. le choix est large !), c'est de la vitamine A acide (ou trétinoïne).

• Si vous avez Antebor®, Dalacine®, Eryacné®, Eryfluid®, Erythrogel®, Skinoren®, Stimycine®, il s'agit d'une lotion ou d'un gel antibiotique.

• Si vous appliquez Cutacnyl®, Eclaran®, Pannogel®, etc., c'est du peroxyde de benzoyle.

essaient encore des rayons de différentes longueurs d'ondes, de différentes couleurs de spectre, etc. La dernière expérience imposait tout de même de s'exposer un quart d'heure tous les jours, durant trois mois… pour des résultats contestables. Il ne semble donc pas très raisonnable d'attendre du laser un miracle et encore moins d'investir dans un « laser anti-acné », comme on en trouve sur Internet pour 106 euros. Il faudra vous faire une raison : la meilleure arme, c'est encore la persévérance.

Et si – comme trois adolescents sur dix – vous avez déjà essayé tous les traitements dont nous venons de parler sans parvenir à terrasser définitivement votre acné, tout n'est pas perdu. Car les médecins ont un dernier atout dans leur manche : le Roaccutane®, alias Zorro, le sauveur des cas désespérés.

Quand le cas semble désespéré, il reste le Roaccutane®

Lorsqu'il est arrivé, il y a une vingtaine d'années, le Roaccutane® a constitué une grande révolution, car il venait enfin à bout des acnés sévères que l'on ne parvenait pas à

INFOS PRATIQUES
UNE SOLUTION RÉSERVÉE AUX FILLES

Les filles ont une solution de plus que les garçons. Si elles ont des poussées d'acné avant les règles et pas de pilosité excessive, on peut leur prescrire la pilule Diane 35®. Antiandrogène (contre les hormones mâles), ce médicament améliore beaucoup leur acné, même s'il faut souvent trois mois pour en constater les effets. Au bout de quelques années, pour éviter que les boutons ne redémarrent à son arrêt (on appelle cela l'effet rebond), les utilisatrices pourront la remplacer par une pilule contraceptive ayant aussi une action sur l'acné, mais plus légère : Tricylest®, Triafermi® ou Jasmine®. Malheureusement, aucune de ces quatre pilules n'est remboursée…

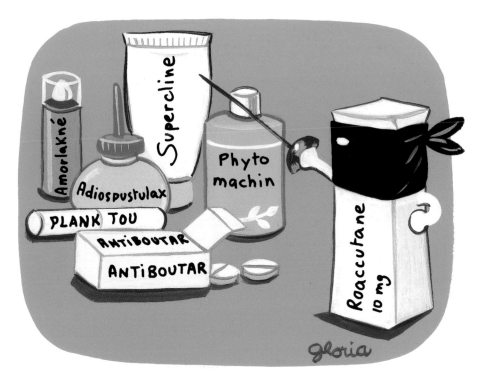

guérir. À base de vitamine A acide (un dérivé puissant de la vitamine A), sa molécule, l'isotrétinoïne, figure dans certaines crèmes prescrites par les médecins. Mais son efficacité est multipliée lorsqu'on la prend en comprimés. Elle provoque alors une atrophie de toutes les glandes sébacées et réduit ainsi considérablement la production de sébum. C'est le plus sûr moyen de parvenir à vous débarrasser de votre acné, mais c'est un produit puissant, qui doit être délivré sur ordonnance et pris sous stricte surveillance médicale.

Revers de la médaille : les effets secondaires

Tout génial qu'il soit, le Roaccutane® (ou Curacné®, ou Procuta®, ses deux génériques) présente quelques inconvénients. Vu qu'il tarit les glandes sébacées, il assèche drastiquement la peau et toutes les muqueuses. Conséquences : lèvres gercées et peau fragilisée sont monnaie courante, accompagnées parfois de rougeurs et de démangeaisons, de conjonctivite (il faut oublier les lentilles de contact dans un tiroir) ou de saignements de nez. Inutile de boire davantage dans l'espoir d'atténuer cette déshydratation. En revanche, vous pouvez essayer de manger plus souvent du poisson : les acides gras essentiels qu'il contient jouent un rôle dans la souplesse de la peau.

Autre effet indésirable, plus rare : des douleurs musculaires – crampes ou courbatures – peuvent survenir. Certains adeptes de la musculation ont un peu de mal à suivre les exercices au même rythme…

Enfin, ce médicament peut aussi provoquer des poussées de cholestérol et de triglycérides. Avoir beaucoup de ces « mauvaises graisses » entraîne à long terme un encrassement des artères dangereux pour le cœur. Or, selon une récente étude

Le saviez-vous ?

POUR LES FILLES, ATTENTION, DANGER !

Les filles sont les plus étroitement surveillées, car le Roaccutane®, pris par voie orale, provoque de graves malformations du fœtus chez la femme enceinte. Il est donc obligatoire de prendre une contraception un mois avant le début du traitement, de la poursuivre pendant tout son déroulement et encore quatre semaines après son arrêt, afin d'éviter toute mauvaise surprise. Quel que soit votre âge, le médecin vérifiera l'absence de grossesse par une prise de sang avant de vous délivrer le « sésame » : son ordonnance. Et tous les mois, une nouvelle prise de sang devra lui prouver que vous n'êtes pas enceinte avant qu'il renouvelle la prescription. N'ayant pas ce souci, les garçons n'ont droit qu'à un rendez-vous et à une prise de sang par trimestre, petits veinards !

de l'Académie nationale de médecine, 6 % des jeunes âgés de 16 à 30 ans ont déjà trop de cholestérol. C'est pourquoi le médecin exige un dosage sanguin du cholestérol et des triglycérides avant de lancer le traitement et un nouveau bilan doit être effectué un mois après, pour vérifier qu'il n'a pas trop bougé. Lorsque les taux sont anormalement élevés, le médecin risque même de demander une analyse de sang mensuelle. Le même triste sort guette ceux d'entre vous qui souffrent de diabète ou d'obésité (autres dangers pour le cœur). Rassurez-vous cependant, si la menace est réelle à très longue échéance, ce n'est pas un traitement de six mois qui va vous rendre cardiaque. D'autant que tous ces effets indésirables disparaissent rapidement une fois le traitement terminé.

Finalement, tous ces problèmes demeurent assez bénins et, bien entendu, ils n'arrivent pas à tout le monde. Le seul auquel vous ne pourrez pas échapper, c'est le dessèchement cutané, puisque c'est lui qui viendra à bout de votre acné. Car, cette fois, les glandes sébacées seront suffisamment « sonnées » pour ne pas s'en remettre.

« Au cours du premier rendez-vous, il y a deux ans, le dermatologue m'a déconseillé Roaccutane® et prescrit Différine® et Pannogel®, associés à un antibiotique par voie orale. Devant la relative inefficacité du traitement, il a ensuite augmenté les doses : ma peau pelait de partout ! Mais l'acné revenait ensuite. Alors, quand il a voulu me donner encore je ne sais quelle crème, j'ai demandé du Roaccutane®. J'en suis aujourd'hui à cinq mois de traitement. J'ai les lèvres défoncées, les yeux qui brûlent quand je regarde la télévision ou l'ordinateur trop longtemps, mais ce n'est vraiment rien par rapport à la joie qu'apporte ce médicament. Je ne sais plus ce que c'est que de découvrir un gros bouton douloureux sur ma joue au réveil. »

Romain, 17 ans.

Les précautions indispensables

Quand vous prenez du Roaccutane®, laissez tomber tous les autres produits pour l'acné et préparez vos munitions.

Lutter contre la sécheresse de la peau

La surface de la peau devient rêche, rugueuse au toucher et recouverte de fines squames. L'épiderme est déshydraté, donc fragilisé et ultrasensible.

– Il faut éviter les savons pour préférer les syndets (nous vous recommandons la lotion « Cétaphil », du laboratoire Galderma, environ 6 euros le flacon), y compris pour la toilette du corps. Ou bien se laver avec une crème lavante liquide sans savon, comme Ictyane des laboratoires Ducray (9,60 euros le tube de 200 ml, ou 12 euros le flacon de 400 ml).

– Ne jamais laisser l'eau s'évaporer sur la peau, mais sécher tout doucement, sans frotter.

– Appliquer ensuite une très bonne crème hydratante sur le visage et un baume émollient sur tout le corps (dans les gammes Ictyane, Avène, Lutsine). Attention, lorsque la peau n'est pas assez hydratée, eczéma et démangeaisons risquent de s'installer.

– Surtout, pas d'agression de type gommage, car le Roaccutane® décape suffisamment.

– Éviter les vêtements en fibres synthétiques, trop serrés, qui entraînent des frottements favorisant les irritations.

Protéger ses lèvres

Les lèvres ne peuvent pas survivre sans baume. Abusez du stick. N'hésitez pas à l'appliquer dix fois par jour, et en couche épaisse juste avant de vous coucher. Les dermatologues conseillent la crème réparatrice « Ceralip », de La Roche-Posay (environ 7 euros en pharmacie). Un autre stick peut faire l'affaire, à condition qu'il ne contienne surtout pas du « Baume du Pérou » (très allergisant).

Oublier les parfums, l'épilation à la cire et les bains de soleil

La peau est trop réactive. Il faut attendre six mois après l'arrêt du traitement pour pouvoir recommencer à s'épiler à la cire ou entamer tout autre soin agressif (genre peeling chimique pour faire partir les traces éventuelles d'acné).

Quelle est la bonne dose ?

Il existe trois dosages différents du médicament : des comprimés de 5 mg, 10 mg, et 20 mg. Il est recommandé aux médecins de prescrire pour commencer 0,5 mg par kg, soit 25 mg par jour pour un adolescent pesant 50 kg. Cette dose assez modeste est justifiée par deux raisons. D'abord, il faut voir comment le patient supporte le médicament, en fonction des réactions de sa peau (qu'il n'ait pas l'air d'un écorché vif), mais aussi de son analyse de sang. Ensuite, le Roaccutane® permet la dissolution des bouchons de sébum au niveau des glandes sébacées. Or la libération de ce sébum qui était « prisonnier » peut entraîner dans un premier temps une « poussée » d'acné, dont on limite ainsi la sévérité.

Si tout s'est bien passé, au bout d'un mois le médecin peut augmenter les doses pour passer à la vitesse de croisière : de 0,8 à 1 mg par kg (soit 40 ou 50 mg par jour si l'on pèse 50 kg). Mais, en fait, ce dosage importe peu dans le résultat final. Le seul objectif qui compte, c'est d'atteindre une dose totale de médicament de 120 mg par kg. C'est la mesure la plus importante car, en dessous de ce seuil, on sait que le risque de rechute augmente. Le traitement durera simplement cinq à huit mois selon le rythme d'administration. Par exemple, si vous faites 60 kg, il vous faut au total 120 mg x 60 = 7 200 mg. Si vous prenez 40 mg par jour, cela représente 1 200 mg par mois, et il vous faudra six mois de traitement. Si vous ne supportez pas des doses aussi fortes, vous étalerez les prises sur deux ou trois mois de plus.

« *Pendant quatre ans, on m'a donné des traitements trop faibles qui n'ont rien changé. Puis, j'ai enfin obtenu de mon dermato du Roaccutane® ! Au bout d'un mois déjà, je n'ai pas eu la traditionnelle augmentation d'acné juste avant mes règles (une horrible poussée sur le menton, d'habitude), et mon visage était presque parfait. À la fin des sept mois de traitement, je savoure ma peau. Elle est nette et douce, comme celle d'un bébé. Il y a des désagréments, c'est vrai. J'ai saigné du nez deux ou trois fois en début de traitement, mais rien de bien méchant, et comme je le touche un peu... Ma peau était devenue non seulement très sèche, mais très sensible, comme après un coup de soleil, au moindre frottement. Au début, je l'hydratais quand j'avais le temps. Quand j'ai commencé à avoir de l'eczéma sur les mains et les bras, je me suis montrée moins négligente. J'ai ressenti une fois des douleurs au niveau des articulations des poignets, l'intérieur de mon nez était sec aussi, ce qui me gênait. Mais cela fait des années que ma peau n'a pas été aussi belle.* »

Julie, 16 ans.

Les résultats arrivent...

Quelle que soit la « force » du traitement retenu, il faut attendre en moyenne deux mois pour commencer à juger de son efficacité. Ne vous désolez pas si rien ne bouge durant les premières semaines ou, pire, si la situation semble s'aggraver. C'est normal, et vous ne supportez pas tout ça pour rien. Car, huit fois sur dix, le miracle a lieu : une fois le cycle achevé, le Roaccutane® a entraîné la disparition complète et définitive des lésions.

Ce qui signifie qu'il y a tout de même environ 20 % de rechute, le plus souvent dans les deux ans qui suivent… Mais, deux fois sur trois, elles sont guérissables par les traitements locaux. Et les plus malchanceux devront simplement suivre une deuxième cure de Roaccutane® pour que le problème soit réglé une fois pour toutes ! L'acné, aujourd'hui, finit toujours par céder devant la détermination. Tant d'efforts, d'abnégation et d'investissement sont enfin récompensés par une jolie peau de pêche.

« Depuis deux ans que j'ai terminé la cure, deux ou trois boutons sont revenus sur le dos, mais rien à voir avec avant. »

Ilan, 19 ans.

UN MALHEUR N'ARRIVE JAMAIS SEUL !

« Une journée à peine après m'être lavé les cheveux, ils sont de nouveau tout collés et luisants, bref, archi-gras. Comme je transpire beaucoup de la tête, je suis vraiment obligé de me faire un shampooing quotidien... et de me lever un quart d'heure plus tôt chaque matin ! »
Hugo, 14 ans.

« Depuis deux mois, j'ai des pellicules, et la tête me démange souvent. Je n'ose plus porter mes tee-shirts noirs et comme je ne peux pas m'empêcher de me gratter frénétiquement, ça me brûle ! »
Ophélie, 15 ans.

Acné et cheveux gras : des ennemis intimes

Les glandes sébacées sont présentes partout où poussent des poils ou des cheveux. Aussi, quand elles s'emballent, le cuir chevelu est généralement touché et la plupart des personnes à peau grasse ont, hélas, également les cheveux gras. « À l'adolescence, non seulement les glandes sébacées du cuir chevelu risquent de grossir, mais elles peuvent même se multiplier : on trouve deux ou trois glandes à la racine de certains cheveux », précise Mireille Miroglio, responsable de la formation pour la marque René Furterer. Comment faire pour éliminer toute cette graisse qui s'écoule lamentablement le long des cheveux ? Il suffit de choisir les bons soins.

Adopter de bonnes habitudes...

Les règles d'or du lavage

Le choix du shampooing est primordial. Il va falloir en changer pendant quelque temps et se laver les cheveux, deux fois par semaine, avec un shampooing traitant anti-cheveux gras, spécialement conçu pour assainir le cuir chevelu et absorber l'excès de sébum.

Un lavage mené dans les règles de l'art comporte trois étapes, comme chez le coiffeur :

1) Faites une première application, en massant doucement ; si l'on frotte trop fort, on excite les glandes sébacées, qui augmentent leur sécrétion de sébum. Ensuite, rincez.

2) Shampooinez une deuxième fois et laissez reposer quelques minutes (le temps de se laver le reste du corps).

3) Rincez abondamment, jusqu'à ce que le cheveu crisse sous les doigts. Si l'eau est très calcaire et que vous souhaitez voir briller votre chevelure, vous pouvez utiliser un vinaigre de rinçage qui neutralise le calcaire et resserre les écailles qui recouvrent les cheveux. Ou recourir aux bonnes vieilles méthodes : quelques gouttes de citron ou de vinaigre dans la dernière eau de rinçage.

Un séchage en douceur

Pré-séchez dans une serviette sans frotter le cuir chevelu. L'idéal, c'est de laisser ensuite les cheveux sécher à l'air libre. L'hiver (ou si vous êtes pressé), vous préférerez sans doute le séchoir. Ne le réglez surtout pas sur la température maximum et ne le placez pas trop près des racines. Les cheveux préfèrent toujours un air tiède et des gestes doux.

Contre les démangeaisons

Parfois, l'excès de sébum asphyxie le cuir chevelu, qui se met à démanger. Le meilleur moyen de calmer la « gratte », c'est d'assainir la racine des cheveux avec des huiles essentielles, vendues en « styligouttes » ou en ampoules (en pharmacie). On les laisse poser environ cinq minutes, avant de procéder au shampooing.

On trouve aussi en pharmacie des gélules qui contiennent des principes actifs végétaux destinés à lutter contre la peau et le cuir chevelu gras. À raison de deux gélules au petit déjeuner pendant trois mois, elles renforcent le traitement local, mais ne sauraient en aucun cas le remplacer.

... et perdre les mauvaises

Stop au tripotage

On a souvent tendance à passer sa main dans les cheveux. Caresses ou « tripotage » les font hélas regraisser dix fois plus vite, car ils excitent les glandes sébacées.

En finir avec les brushings

Toute traction ou agression sur le cheveu (brushings brutaux, coiffures afro, etc.) sont aussi à bannir.

Brosser, pas râtisser !

Brosser les cheveux permet d'éliminer ceux qui sont morts ; les autres respirent mieux ensuite et la chevelure prend du gonflant. Il ne s'agit pas cependant de ratisser le cuir chevelu avec une brosse munie de picots en métal ou en plastique. Allez-y calmement, si possible avec une brosse en poils naturels.

Renoncer aux après-shampooing

Abandonnez les après-shampooing, trop gras, ou alors seulement sur les pointes, si les cheveux sont vraiment trop difficiles à démêler.

Espacer les produits traitants

Le mieux étant toujours l'ennemi du bien, il ne faut pas abuser des produits traitants. Le résultat serait trop agressif et risquerait, en outre, de faire repartir de plus belle les glandes sébacées à l'arrêt du traitement (selon le principe de l'effet rebond). N'utilisez pas le shampooing « anti-cheveux gras » (ou antipelliculaire) plus de deux fois par semaine. Si vous devez vous laver plus souvent les cheveux, employez entre-temps un shampooing doux normal, à usage fréquent.

Éviter les serre-tête

Si possible, évitez les serre-tête, les chapeaux ou autres casquettes qui étouffent le cuir chevelu.

Le saviez-vous ?

LE CYCLE DU CHEVEU

Nous avons entre 100 000 et 150 000 cheveux. Chaque cheveu naît, vit et meurt ; dès que l'un succombe, un nouveau le remplace.
– La phase de croissance, appelée phase anagène, dure de trois à six ans. Environ 85 % de notre chevelure se trouve dans cette phase. Le cheveu pousse en moyenne de 0,35 à 0,45 mm par jour. Cette croissance varie d'une personne à l'autre, selon les saisons, mais aussi selon le sexe : elle est plus rapide chez les femmes.
– Durant la phase de repos, nommée phase catagène, le cheveu arrête sa croissance. Ce stade dure autour d'un mois et concerne environ 1 % de la chevelure.
– En phase télogène, le cheveu « agonisant » diminue de taille et finit par tomber, expulsé par le nouveau qui pousse en dessous. Cette phase dure environ trois mois et concerne 14 % de la chevelure. Nous perdons normalement 50 à 100 cheveux par jour.

Haro sur les pellicules !

Les pellicules sont liées à deux phénomènes. Comme de la poule et de l'œuf, on ignore toujours lequel des deux précède l'autre…

Tout d'abord, une couche de cellules mortes recouvre toute notre peau ; c'est elle qui la protège en empêchant la pénétration dans l'organisme d'éléments qui pourraient être dangereux pour notre santé. Ces cellules mortes se détachent en permanence (on dit qu'elles desquament) pour laisser la place à de nouvelles cellules. Elles tombent ainsi par millions de la surface de notre peau et constituent d'ailleurs une bonne partie de la poussière de nos maisons !

Lorsqu'un cuir chevelu est sain, le renouvellement des cellules de son épiderme se fait en trois ou quatre semaines. La desquamation est si fine qu'elle est invisible. Mais, parfois, les cellules se mettent à se renouveler trop rapidement (le cycle peut passer à 14 ou même à 10 jours!) ; les cellules mortes s'accumulent alors et forment des « paquets » sur le cuir chevelu. Lorsque ces amas se détachent, ils sont visibles : ce sont d'horribles pellicules.

Mais les pellicules s'accompagnent aussi toujours de la prolifération d'un champignon, *Pityrosporum ovale*, plus généralement appelé aujourd'hui *Malassezia furfur*. Nous avons tous ce champignon (une levure) au niveau du cuir chevelu. Cependant, il arrive que l'équilibre qui nous faisait vivre en bonne harmonie avec lui se rompe. La levure se met alors à proliférer. Ce qui occasionne une inflammation... favorisant l'emballement du renouvellement cellulaire de l'épiderme.

Limiter les facteurs déclenchants

On sait que le stress, la nervosité, la pollution, la fatigue, mais aussi une alimentation déséquilibrée ou l'usage de produits mal adaptés influent beaucoup sur l'état du cuir chevelu et peuvent être à l'origine de sa perturbation. Alors, essayez de dormir davantage, de vous nourrir plus raisonnablement et d'oublier, pour un temps, les soins capillaires trop agressifs (teintures, permanentes, shampooings décapants). Les produits trop doux, à l'inverse, n'élimineront pas assez les pellicules en formation, c'est pourquoi il faut recourir à des soins spécifiques.

Bien manger pour avoir de beaux cheveux

Le cheveu est un élément vivant. Pour la beauté de la chevelure, certains « aliments » sont très importants. Il faut manger :

Des acides aminés soufrés
Le corps humain est un assemblage de protéines. Celles-ci sont à leur tour composées d'acides aminés, parmi lesquels

la cystéine et la méthionine, qui constituent la quasi-totalité de la source en soufre de notre organisme. Or la kératine (constituant majeur du cheveu et des ongles) a besoin de soufre. Ces deux acides aminés ont également une action antiséborrhéique et présentent donc un double intérêt pour lutter contre les pellicules grasses. On les trouve surtout dans l'œuf, mais aussi dans les viandes et les poissons.

Des vitamines (A, C, E et B8)

Les vitamines C, E et le bêta-carotène (partie végétale de la vitamine A) protègent la peau et les cheveux contre la pollution, le froid, le soleil, les agressions chimiques, le stress, les émotions, le tabac, etc. On dit qu'ils ont une action « antiradicaux libres ». Pour en faire provision, n'hésitez pas à forcer sur les fruits et légumes, et notamment goyaves, persil, poivrons, choux, kiwis, fraises, agrumes (pour la

vitamine N
vitamine u
vitamine T
vitamine E
vitamine L
vitamine A . Excellent.

Le saviez-vous ?

SÈCHES OU GRASSES ?

Le problème de départ est le même. Seulement, les pellicules sèches s'envolent facilement (il suffit de tapoter ses épaules), tandis que les grasses restent plus volontiers amalgamées en petits pâtés jaunâtres sur le haut du crâne : le sébum est une super-colle ! Beaucoup d'adolescents ont des pellicules – généralement grasses – car la séborrhée les favorise. La levure *Malassezia furfur* qui en est responsable adore en effet les zones riches en corps gras qui dopent sa multiplication. Et comme elle transforme les graisses du sébum en acides gras irritants, les pellicules grasses s'accompagnent (plus souvent que les sèches) de démangeaisons pénibles. De quoi vous irriter doublement l'humeur !

vitamine C) ; carottes, épinards, abricots, blettes et potimarrons (pour la vitamine A). La vitamine E se trouve dans les huiles.

La vitamine B8, ou biotine, participe à la fabrication de la kératine et interviendrait aussi au niveau du follicule pileux pour lutter contre la séborrhée. Coup double, elle est également impliquée dans le contrôle de l'anxiété. Elle figure surtout dans la levure dont on saupoudre les aliments, dans le foie, les lentilles, les avocats, les haricots blancs, les bananes, mais aussi dans les autres viandes et les poissons.

Des minéraux

Le plus important, c'est le zinc, nécessaire à la synthèse de la kératine et au collagène de la peau. Une carence en zinc (qui peut être aggravée par le stress) est lourdement ressentie par les cheveux. Mais, comme le zinc est présent en petites quantités dans beaucoup d'aliments sources de protéines (huîtres, viandes, poissons, jaunes d'œuf), il n'est pas très compliqué d'en faire votre allié.

En fait, une alimentation variée fournit tous ces éléments en quantité suffisante.

Le traitement

Il existe de nombreux traitements efficaces sous forme de shampooings et de lotions.

Utiliser un shampooing adapté

Commencez déjà par le shampooing. Pendant un mois, deux fois par semaine, utilisez un shampoing antipelliculaire, spécialement conçu pour faire disparaître ce fléau. Quelle que soit la marque, il contient des composés qui luttent contre la prolifération de la levure (antifongiques) et d'autres qui freinent le renouvellement des cellules. Évidemment, il renferme aussi des principes actifs pour nettoyer les cheveux en douceur et assainir le cuir chevelu afin de rétablir son équilibre. Les shampooings spéciaux « pellicules grasses » ajoutent encore à ces actions des composants qui réduisent la séborrhée, apaisent les démangeaisons et favorisent l'élimination des squames.

Recourir à des lotions

Si vos pellicules résistent, vous pouvez recourir à des lotions en complément (demandez à votre pharmacien). Elles s'appliquent sur les racines, ce qui est un peu fastidieux, mais elles renforcent l'action du shampooing. Ces lotions ou sprays peuvent s'utiliser après chaque shampooing sur le cuir chevelu humide, mais aussi à sec puisqu'on n'a pas besoin de les rincer. On peut même garder le spray à portée de main et multiplier les jets en cas de « crise ».

Éviter les gels coiffants

La raison voudrait que vous renonciez aux gels coiffants, bourrés d'alcool et de résine, car ils ont tendance, eux aussi, à entraîner une desquamation. Si votre look ne peut s'en passer, veillez au moins, après chaque usage, à bien les éliminer à la brosse ou au shampooing.

Pas question de faire l'impasse sur le casque quand on se promène en deux-roues. Pourtant, à la longue, il se transforme en véritable nid à microbes et ajoute au problème une macération des plus néfastes. Évitez au moins le pire : vous mouiller les cheveux sous la douche sans les laver et enfiler votre heaume alors qu'ils ne sont pas parfaitement secs. La meilleure solution pour les motards et autres fans de VTT ? Entre les shampooings traitants, plutôt que de vous mouiller la tête, utilisez un spray qui lave les cheveux à sec. Il se passe en friction douce et ne se rince pas. Certaines formules de ces shampooings secs sont antipelliculaires. Un geste express qui complète bien le traitement de base.

Ne pas confondre avec la dermatite séborrhéique

Cette maladie donne aussi des plaques rouges recouvertes de pellicules sur le cuir chevelu, mais l'attaque s'étend cette fois aux sourcils et aux ailes du nez qui sont rouges et desquament. Comble de catastrophe : tout cela démange le plus souvent. Le dermatologue dispose de plusieurs armes : d'abord des antimycosiques, puis des corticoïdes si les démangeaisons sont insupportables. Un nouveau médicament, à base de gel de lithium, est venu récemment renforcer la panoplie. Il arrive que l'on soit obligé de prendre ces médicaments par voie orale et ce n'est pas toujours facile de se débarrasser de la dermatite séborrhéique, car elle semble très liée au stress.

« J'ai en permanence des plaques rouges et des pellicules sur les sourcils et autour du front, à la bordure de l'implantation des cheveux. Je trouve ça horrible. De plus, à chaque fois que je suis fatigué, stressé, ou que je prends une douche, cela me déclenche une crise de démangeaisons qui dure de quelques heures à quelques jours. Les traitements locaux limitent juste les dégâts ; par voie orale, l'amélioration est plus importante, mais je ne peux pas arrêter les soins, sinon ça redémarre. »

Simon, 22 ans.

AUTRES MALADIES DE PEAU

2

Normalement, notre peau est comme une belle armure qui nous protège des ennemis extérieurs, et non une fine pellicule qui ne serait là que pour le décor, comme on se l'imagine parfois. Mais, du coup, ce fidèle bouclier qui affiche fièrement nos armoiries se trouve aussi placé en première ligne face aux agressions. Comme si l'acné ne nous suffisait pas, il est souvent le siège d'autres attaques, qui peuvent se révéler tout aussi difficiles à vivre. Car, non seulement ces maladies de peau ne sont pas esthétiques, mais elles peuvent entraîner des démangeaisons épouvantables et des séances de grattage fort peu discrètes.

Plus on connaît ses ennemis, mieux on peut les repousser. C'est pourquoi nous vous proposons ce petit panorama des malheurs les plus fréquents qui guettent votre épiderme. Non, pour vous démoraliser, mais pour vous rassurer. Vous verrez qu'ils sont généralement bénins et que les remèdes ne manquent pas pour vous soulager. Quelles que soient les horreurs qui apparaissent sur votre peau, vous ne serez plus démuni(e)s.

DES PETITES BÊTES
QUI NOUS AIMENT TROP!

« *Quand j'étais au cours préparatoire, j'ai eu une verrue sous le pied que la dermatologue m'a brûlée à la neige carbonique. J'en ai gardé un souvenir plutôt "cuisant". Aussi, lorsque j'ai découvert deux nouvelles verrues sous ma voûte plantaire l'an dernier, j'ai laissé courir. Comme elles grossissaient, ma mère a acheté un produit en pharmacie pour les détruire. Mais j'ai eu beau l'appliquer sérieusement, elles se sont encore étendues au point de se rejoindre en un truc monstrueux qui commençait à me faire mal. La dermatologue a dit qu'elle préférait ne pas intervenir à ce stade et m'a donné une préparation à faire réaliser en pharmacie. Cela fait deux mois que j'en badigeonne tous les jours mes verrues. Elles régressent, mais j'ai compris : s'il y a une prochaine fois, je n'attendrai pas autant.* »

Arthur, 13 ans.

Invisibles, mais casse-pieds !

Ces petites bêtes sont pires que les moustiques, les taons et autres charmants pourvoyeurs de boutons et de démangeaisons. Car on ne les voit pas, et pourtant virus et champignons microscopiques papillonnent aussi aisément d'une personne à l'autre. D'où ce petit abécédaire pour vous permettre de les traquer. Car il faut se méfier de la contagion !

C comme champignons

La mycose des piscines

On l'appelle aussi « pied d'athlète », pourtant elle ne touche pas que les sportifs, même si elle s'attrape volontiers à la piscine ou dans les douches collectives. Le champignon microscopique qui en est responsable raffole en effet des lieux chauds et humides. Il s'accroche à notre pied et se multiplie bien au chaud dans nos baskets plus ou moins aérées. Il révèle alors sa présence entre les orteils : la peau devient rouge, démange, s'épluche et se crevasse, elle peut même saigner. Cette mycose ne disparaît jamais toute seule et, si on ne la traite pas, elle risque de s'étendre à la plante des pieds et aux ongles.

De nombreux produits vendus librement en pharmacie permettent de la combattre. Si leur application ne suffit pas, un dermatologue vous prescrira une pommade, une poudre ou un spray antifongiques, plus efficaces. Le traitement peut durer plusieurs mois, mais il est important de respecter son rythme et sa durée, si l'on veut détruire vraiment le champignon.

Les bons réflexes pour éviter les récidives

Un lavage quotidien des pieds s'impose, suivi d'un séchage minutieux, y compris entre les orteils. Utilisez des chaussettes en pur coton, changez-les chaque jour et veillez à ne pas enfiler des chaussures humides. En été, il ne serait d'ailleurs pas plus mal de porter des sandales, pour aérer vos

D, comme dégueu.

pieds. Si les champignons semblent vous aimer particulièrement, il serait aussi plus prudent de porter dorénavant des
tongs à la piscine.

Le *Pityriasis versicolor*

On l'attrape souvent dans le sable, sinon Dieu seul sait
où… car les dermatologues ignorent encore comment il se transmet. Toujours est-il que l'on
découvre un beau jour de petites taches sur la
poitrine, les épaules, le cou ou le haut du dos.
Elles sont couleur rosée l'hiver et blanches l'été,
parce qu'à l'endroit où elle est touchée, la peau ne
bronze pas. Même s'il se manifeste plus volontiers à la belle saison, sur nos peaux dénudées, ce
champignon (du groupe des levures) ne semble
pas se transmettre d'une personne à l'autre, encore
une chance ! Autre consolation : il se traite facilement. Le dermatologue vous prescrira un gel
douche moussant (Kétoderm®). On attend dix
minutes, puis on rince. Une deuxième application deux semaines plus tard, et l'on est sûr d'en
être débarrassé. Seul bémol, la peau a beau gué-

Vocabulaire

Mycose : maladie
provoquée par un
champignon
parasite.

Antifongique :
qui détruit les
champignons.
Synonyme :
antimycosique.

Vésicules : sortes
de petites bulles
emplies de liquide.

rir très vite grâce au traitement, elle ne bronzera pas avant l'année suivante. Autrement dit, vous arborerez pendant tout l'été une peau dorée à points blancs! Deuxième déconvenue : il n'est pas impossible que ce poison vous choisisse une nouvelle fois pour domicile; il semble que certaines peaux l'attirent plus que d'autres, on ne sait pas pourquoi. Dans de très rares cas, les « heureux élus » doivent prendre des antifongiques en comprimés pour le décourager.

H comme Herpès

Banal, mais gênant, le bouton de fièvre n'est pas dû à la fièvre! C'est un baiser qui transmet son virus, *Herpes simplex virus* (HSV 1 pour les intimes), le plus souvent dans la toute petite enfance (avant l'âge de 4 ans). Cette première infection peut passer totalement inaperçue ou déclencher une poussée : la bouche « s'orne » alors de petites

Pour aller plus loin
UN HOMONYME QUI N'A RIEN À VOIR

Contrairement à ce que son nom pourrait laisser supposer, le pityriasis rosé de Gibert n'a rien à voir avec le Pityriasis versicolor. Cette autre joyeuseté qui s'attaque à notre épiderme n'est pas due à un champignon, mais à un virus récemment identifié. Il disparaît en quelques semaines comme il était venu, sans le moindre traitement, et n'est pas contagieux. Ses victimes le trouvent néanmoins fort désagréable, comme en témoigne Pauline, 16 ans : « Tout a commencé par une unique tache ovale, rouge et brillante, que le médecin appelle "médaillon". Puis, au bout d'environ deux semaines, d'autres taches sont venues sur tout le corps, à l'exception du visage. Pendant plus d'un mois, elles m'ont démangée énormément. Le médecin m'a prescrit des soins à l'eau thermale pour me soulager, ainsi qu'un antihistaminique quand c'était vraiment infernal. Il m'a également recommandé trois séances d'UV pour accélérer la guérison, qui se sont révélées efficaces. »

Le saviez-vous ?

HERPÈS GÉNITAL, UNE RENCONTRE ÉVITABLE

On peut aussi attraper des « boutons de fièvre » sur les parties génitales. Le virus est un « cousin » de celui qui donne l'herpès labial, le HSV 2. Il se propage par les relations sexuelles et justifie de prendre les mêmes précautions que pour les autres maladies sexuellement transmissibles, à savoir le port du préservatif. L'herpès de type 1 peut aussi se transmettre aux organes sexuels par la main, les caresses et les baisers, et se transformer alors en type 2. Le déroulement de l'infection est exactement le même quand l'herpès touche les parties génitales, quoique souvent encore plus douloureux (notamment pour les filles). Une fois qu'on a attrapé l'herpès génital, c'est pour toute la vie. Il empoisonne les relations sexuelles et exige de protéger le bébé en cas de grossesse. Alors, ne plaisantez pas avec ça ! Et consultez immédiatement un médecin au moindre doute.

vésicules douloureuses, semblables à celles de la varicelle. Au bout de quelques jours, elles se rompent et sèchent avant de disparaître. Mais, après ce premier coup d'éclat, le virus va définitivement s'installer dans l'organisme, niché dans les ganglions du cou, où ce traître ne dort que d'un œil. Car, non content d'être douloureux et disgracieux, il a en plus le mauvais goût d'être récidiviste. De temps en temps, il se « réveille », se multiplie et provoque une nouvelle poussée. Ces apparitions intermittentes sont favorisées par différents facteurs : infections, règles, fatigue, stress ou exposition au soleil. Elles s'annoncent par des picotements et une sensation de brûlure qu'il est important de reconnaître. En effet, en consultant très rapidement, on peut démarrer un traitement antiviral par voie orale qui atténue la crise. Par ailleurs, le virus étant très contagieux, cela permet de prendre des précautions : se laver soigneusement les mains pour ne pas contaminer d'autres parties de son corps (yeux, doigt, oreilles, sexe) et éviter d'embrasser son entourage (le virus est présent dans la salive plusieurs jours encore après la guérison). Lorsque les poussées sont très fréquentes (au moins six par an), le médecin peut prescrire un traitement en continu, sous forme de comprimés d'aciclovir à prendre tous les jours pendant au moins six mois. Il ne détruit pas le virus, mais « l'assomme » pour un moment, l'empêchant de se répliquer et de remonter à la surface.

M comme molluscum

Si vous découvrez un jour sur votre peau de petits boutons roses translucides, de deux ou trois millimètres, avec un petit cratère au sommet, pas de panique. Ce n'est sans doute qu'un molluscum, une infection virale aussi banale que la verrue et qui s'attrape, comme elle, dans les lieux humides (piscine). Le molluscum apprécie particulièrement les peaux à tendance allergique, mais il peut aussi se contenter d'une autre, faute de mieux. Le plus souvent, il repart tout seul, comme il était venu.

Mais si toute une famille de molluscum vous a colonisé(e), le dermatologue peut aussi proposer de vous en débarrasser par un léger curetage ou en le brûlant à l'azote liquide comme les verrues. Pas très agréable, mais efficace.

Attention, on ne l'appelle pas *Molluscum contagiosum* pour rien! Il se transmet aux voisins par simple contact.

V comme verrues

Vous avez dit vulgaire?
Ces excroissances disgracieuses peuvent pousser sur les mains et les genoux. Dues à divers papillomavirus (l'une des nombreuses familles de ces parasites), elles ne sont pas douloureuses, sauf

Association Herpès

Si vous souhaitez en savoir plus sur cette maladie, vous pouvez appeler le numéro de Fil Santé Jeunes au 0 800 235 236, tous les jours de 8 heures à minuit, ou contacter l'association Herpès : 0 825 800 808; site Internet : www.herpes.asso.fr

lorsqu'elles s'infiltrent près de l'ongle. Mais elles s'attrapent « comme un rien », simplement en serrant la main de quelqu'un. C'est pourquoi, dans le temps, on les appelait « verrues vulgaires », du latin *vulgus* qui veut dire très répandu. Leur évolution est particulièrement capricieuse. Certaines verrues disparaissent d'elles-mêmes – cela arrive assez fréquemment ! – ou avec de « petits moyens » (voir « Les remèdes de grands-mères » ci-contre), tandis que d'autres se montrent plus récalcitrantes. Si la vôtre semble bien installée, ou que vous préférez vous en débarrasser rapidement, il existe des préparations verrucides vendues librement en pharmacie (par exemple Kerafilm, environ 8 euros). En général, elles suffisent et l'on n'a pas besoin de recourir au médecin pour qu'il prescrive des préparations plus puissantes.

Plus ennuyeuses, les verrues plantaires

Les verrues situées sous la plante des pieds et au talon ont tendance à « s'incruster » plus méchamment. Elles s'attrapent dans les lieux publics où l'on marche pieds nus (vestiaires, salles de sport, tatamis de judo), et plus particulièrement sur les sols humides que le virus affectionne : piscines, saunas, plages, douches collectives…
Contrairement aux verrues siégeant en d'autres endroits, les verrues plantaires sont enchâssées dans la peau et peu en relief, car la pression du corps les repousse en profondeur. Elles peuvent devenir douloureuses quand on marche et sont très contagieuses : il suffit de partager la serviette de toilette de quelqu'un qui en a une ou de passer derrière lui dans la salle de bains pour l'attraper, car le virus peut survivre plusieurs heures sur un linge ou sur le sol. Si on touche sa verrue, on risque aussi d'en faire naître de nouvelles à côté. C'est pourquoi elles doivent être détruites le plus vite possible.

Comment s'en débarrasser ?

La première chose à faire, c'est d'acheter un traitement local, vendu en pharmacie. Cette préparation s'applique uniquement sur la verrue, car elle peut brûler la peau saine,

Infos pratiques
LES « REMÈDES DE GRANDS-MÈRES »

Dans les campagnes, on connaît bien les vertus de la chélidoine, une plante sauvage à petites fleurs jaunes, dont le suc laiteux, jaune également, guérit les verrues. On coupe la tige et l'on applique le suc frais directement, deux fois par jour. Une autre méthode consiste à supprimer la verrue en l'empêchant de « respirer ». Pour cela, entourez-la (sans serrer) d'un ruban adhésif non poreux, 24 heures sur 24, pendant une quinzaine de jours. La macération provoque la disparition de la verrue. L'homéopathie a aussi son remède : Thuya 15 CH, à raison d'une dose par semaine pendant un mois (à laisser fondre sous la langue). Si la verrue est située sous les pieds, il faut lui ajouter Antimonium crudum 5 CH, cinq granules deux fois par jour. Il existe également un remède composé tout prêt, qui porte le nom de Verrulia.

mais elle est généralement vendue avec de petits pansements à trou qui protègent alentour. Pour qu'il soit efficace, le traitement doit être appliqué tous les soirs, pendant au moins quinze jours. Quand la zone traitée commence à blanchir, il faut gratter la peau morte superficielle à l'aide d'une râpe (vendue en pharmacie) avant d'appliquer à nouveau le produit. Cela permet qu'il pénètre mieux. Vous pouvez ajouter à ces soins des comprimés de Verrulyse (trois par jour) pour accélérer leur action.

Si votre verrue résiste encore au bout d'un mois, elle cédera au dermatologue. Celui-ci la brûle le plus souvent avec de l'azote liquide à $-160\,°C$. La séance n'est pas agréable, mais la douleur est de courte durée. Il est possible de l'atténuer en appliquant une crème antalgique deux heures avant. On peut aussi utiliser l'électricité pour la détruire (électrocoagulation) et, quand elle est « ancrée » depuis trop longtemps, il reste le laser CO_2, qui opère sous anesthésie locale. Soignez votre verrue dès le départ, plutôt que d'en arriver là. Et si vous êtes sujet aux récidives, portez des « claquettes » à la piscine.

EST-CE UNE ALLERGIE ?

« *Je m'étais offert une super paire de boucles d'oreilles fantaisie. Deux jours plus tard, une plaque rouge est apparue sur mes oreilles qui me démangeait énormément. En fin de semaine, tout est rentré dans l'ordre, mais mon médecin m'a dit que c'était une allergie due au nickel, et que dorénavant je ne devais porter que des bijoux en or. Ce sont mes parents qui vont être contents !* »

Marion, 15 ans.

« *Ma sœur m'a ramené un tee-shirt de vacances. Je l'ai essayé et je l'ai gardé sur moi. Le lendemain, j'étais couvert de boutons qui grattaient horriblement. Selon le médecin, c'est une allergie à la teinture. Plus question que j'enfile une fringue neuve sans la laver !* »

Loïc, 14 ans.

Eczéma ou urticaire ?

Tout le monde connaît la crise d'urticaire qui survient parfois quand on s'est un peu trop régalé de fraises. Cependant, contrairement à une idée reçue, cette réaction n'est pas de l'allergie, car elle ne survient pas systématiquement chaque fois que l'on mange ce fruit, mais seulement lorsque notre corps a absorbé un peu trop d'une substance, l'histamine, dont les fraises sont riches. L'urticaire se manifeste par des éruptions légèrement gonflées, qui ressemblent à des piqûres d'ortie (les deux mots viennent du même terme latin, *urtica*). En dehors de l'alimentation, il peut avoir de multiples causes : infections, intolérance à un médicament, stress, transpiration, frottement, froid, contact avec l'eau, etc. Mais, en fait, il est très rarement d'origine allergique.

L'eczéma, au contraire, est très souvent la conséquence d'une allergie. Vous avez sur le corps des plaques rouges qui démangent ? Vous vous grattez furieusement ? Ça s'en va et ça revient, mais la peau reste très sèche entre les crises ? Vous souffrez sans doute d'eczéma, déclenché par la prise d'un aliment ou le contact avec un produit chimique. Il s'agit d'une réaction de défense exagérée de l'organisme qui « se trompe de cible » et prend pour ennemis des substances inoffensives. Lorsqu'il croise la substance une première fois, le système immunitaire fabrique des anticorps, qui déclencheront cette réaction inappropriée lors de chaque nouvelle rencontre à venir.

Il existe une prédisposition génétique à l'allergie. Si ses deux parents sont allergiques, un enfant a un risque sur deux de l'être aussi. Si un seul parent est atteint, le risque s'abaisse à un sur trois, et il n'est que de un sur dix quand aucun des parents n'est touché. Au total, près de la moitié des enfants sont concernés par l'eczéma !

Vocabulaire

Atopique : prédisposé génétiquement aux allergies. On parle d'enfant atopique, de « terrain » atopique et de peau atopique.

Allergène : substance présente dans l'environnement, capable de rendre une personne allergique. Elle provoque la formation d'anticorps (substances sécrétées par l'organisme pour lutter contre un antigène).

Système immunitaire : ensemble des molécules et des cellules chargées de défendre notre organisme contre les agressions des microbes.

Prurit : terme médical pour les démangeaisons.

Infos pratiques
CHOUCHOUTEZ VOTRE PEAU

Quand on a tendance à avoir de l'eczéma, la peau est facilement irritée. Il faut éviter tout ce qui l'agresse :
– les bains chauds prolongés (37 °C maxi), surtout si l'eau est calcaire ;
– les pièces trop chauffées (pas plus de 18 °C dans la chambre) ;
– les vêtements de laine ;
– les lessives contenant des phosphates. Mieux vaut opter pour des lessives en paillettes (Le Chat) ou écologiques (Maison Verte) et éviter les assouplissants.

L'eczéma atopique

Lorsque l'allergie apparaît dès les premiers mois de la vie, elle le fait volontiers sous forme d'eczéma, souvent en réaction à un aliment. Cet eczéma très précoce a été dénommé « eczéma atopique ». Il se montre habituellement sur le visage, les creux du coude et du genou, et disparaît huit fois sur dix avant l'âge de six ans. Mais il se peut qu'il persiste au niveau du visage ou des mains. Si vous n'en êtes toujours pas débarrassé(e), rassurez-vous, votre dermatite atopique a de grandes chances de s'éclipser avant la fin de votre adolescence. Alors, ce n'est vraiment pas le moment de laisser tomber le traitement établi par votre allergologue ! D'autant qu'à côté des indétrônables corticoïdes, une nouvelle crème, disponible depuis quelques années, vient à bout des cas les plus rebelles. Votre peau gardera sans doute une certaine fragilité. Vous aurez intérêt à continuer à choisir des cosmétiques pour peau sensible et à bien l'hydrater, en utilisant des savons surgras et des crèmes émollientes (Ictyane, ou les lignes à base d'eau thermale : Saint-Gervais, Avène, La Roche-Posay).

L'eczéma de contact

Lorsqu'on est un peu moins allergique et que l'on développe un eczéma plus tard dans sa vie, celui-ci prend plutôt la forme d'un eczéma de contact. Si, par exemple, une plaque rouge qui démange apparaît sous votre montre ou sous un bouton de jean en métal, vous êtes sans doute allergique au nickel, un minéral figurant dans de nombreux objets ou produits d'usage courant (lessives, poignets de porte, bijoux, etc.). Mais bien d'autres produits chimiques peuvent être responsables d'eczéma de contact. Ils abondent notamment dans les cosmétiques : tatouages au henné, laques et teintures pour cheveux, parfums en spray, vernis à ongles, rouges à lèvres, conservateurs ou lanoline contenus dans les crèmes, etc.

La réaction allergique se déclenche 12 à 48 heures après la rencontre avec l'allergène auquel on est devenu sensible. Il est important de consulter, car l'utilisation d'une crème à base de cortisone améliore très vite la situation et soulage les épouvantables démangeaisons. Un bilan doit aussi être réalisé par un allergologue afin d'identifier la cause du problème. Il se pratique sous forme de tests cutanés (patchtests). Le médecin applique des substances potentiellement allergisantes sur le haut du dos. Puis il vérifie, deux à quatre jours plus tard, lesquelles ont déclenché des réactions. Il faudra dorénavant les éviter comme la peste.

DES AFFECTIONS QUI APPARAISSENT À VOTRE ÂGE

« Je n'ai quasiment pas d'acné. Et pourtant, j'ai comme des points noirs qui s'infectent sur les cuisses et les fesses. Cela forme de gros boutons rouges qui se couronnent d'un peu de pus. Comme ils me font mal, je finis par les percer entre deux Kleenex et je désinfecte soigneusement. Le problème, c'est qu'il reste souvent ensuite une cicatrice en creux et même comme des taches qui ne semblent pas vouloir partir. »

Anthony, 17 ans.

La folliculite, c'est fou !

Les poils poussent dans des fourreaux spécialisés, les folli-cules, implantés dans les profondeurs du derme. Comme chaque follicule est couplé à une glande sébacée et que cette dernière a tendance à s'exciter à cette période, l'ado-lescence peut aussi rimer avec folliculite. Cette inflamma-tion commence par une simple rougeur à la base d'un poil qui passe souvent inaperçue, d'autant plus qu'elle siège volontiers sur le dos ou sur les fesses. Mais vient un moment où on ne peut plus l'ignorer : quand l'infection s'y met, par la faute d'un staphylocoque (bactérie) qui passait par là ou de la simple bactérie de l'acné. Il faut désinfecter sans tarder, avant de commencer à avoir du mal à s'asseoir. Car la plaisanterie peut parfois aller jusqu'au furoncle (un abcès purulent que le médecin nomme plus élégamment « kyste pilo-sébacé infecté »). Et, dans ce cas, il faut faire appel au chirurgien pour vider l'abcès, qu'il laissera ensuite cicatri-ser sans le refermer.

Alors, même si c'est un peu gênant de montrer cette partie de son anatomie au médecin, n'hésitez pas trop longtemps. Il n'y a aucune honte à avoir, d'autant que l'infection n'est pas forcément liée à un manque d'hygiène, mais plus sou-vent à des frottements répétés (vêtements, rasage, etc.). Quand elle se reproduit souvent et concerne des zones étendues, le médecin peut prescrire une cure d'antibio-tiques par voie orale en plus des soins locaux désinfectants.

La kératose pilaire, encore les follicules !

Elle ne se voit quasiment pas. Mais, quand on passe la main sur la peau, on a l'impression de parcourir un relief gru-meleux semé d'une multitude de têtes d'épingles. Une kéra-tose est une maladie de peau caractérisée par un épaississement de la couche cornée de l'épiderme (couche supérieure, composée de cellules mortes dures comme de la corne). Dans le cas de la kératose pilaire, la couche cor-

Le saviez-vous ?

LE LASER EFFACE LES TRACES

Il arrive que la folliculite laisse des traces de son passage, sous forme de petites taches marron indélébiles. Ne vous faites pas de souci, le laser en fait son affaire. Ses partisans affirment même qu'il aide à vaincre définitivement la folliculite. En trois séances espacées de deux ou trois mois, elle n'est plus qu'un mauvais souvenir.

née vient alors former un bouchon à l'entrée du follicule, d'où les petites saillies qui parsèment une bonne partie du corps. Comme la « porte » du follicule est bouchée, le sébum ne peut plus s'écouler et la peau devient sèche. C'est un ennui banal, qui survient souvent dans la préadolescence, de préférence sur les peaux à tendance allergique. Avec l'âge, la situation s'améliore d'elle-même. Mais si l'on en a assez d'avoir la peau rugueuse, si l'on veut pouvoir la découvrir l'été sans s'attirer une foule de réflexions (« c'est quoi tous ces petits boutons sur ton bras ? ») ou bien si la maladie entraîne des démangeaisons, le médecin peut prescrire une crème kératolytique (qui élimine la corne), à base d'urée, qu'il faut passer chaque soir. Le problème disparaît vite, mais il revient en général dès qu'on arrête le traitement. Seul le temps qui passe le résout définitivement…

Le psoriasis, une vraie plaie

Si vos coudes, vos genoux ou vos mains se couvrent de plaques rouges épaisses, parsemées de squames blanches (petites lamelles de peau morte) qui ressemblent à des pellicules et démangent, il peut s'agir d'un psoriasis débutant. Nous n'allons pas vous embellir le tableau : bien qu'elle ne soit pas grave, cette maladie peut être très embêtante. Certains n'auront qu'une petite tache, sur le sourcil ou sur le cuir chevelu, qui ne se manifestera que très rarement, mais d'autres devront apprendre à pactiser avec la maladie pour de très longues années. Car c'est une affection imprévisible, qui alterne souvent trêves et rechutes.

Le psoriasis n'est pas contagieux. C'est une réaction excessive de la peau, qui se traduit par une inflammation chronique et un renouvellement trop rapide de l'épiderme. Beaucoup de chercheurs essaient d'en trouver la cause, mais elle demeure inconnue. On ne sait donc pas la guérir définitivement. Cependant les traitements progressent sans cesse et réussissent au moins à faire disparaître les symptômes. Il en existe toute une palette. Il faut trouver très vite un bon dermatologue. Et le croire s'il vous explique que, même lorsque le traitement d'attaque aura fait disparaître toutes les lésions, il faudra poursuivre pendant des semaines un traitement d'entretien. Se tartiner de crème prend un peu de temps mais, sans cette persévérance, l'arrêt brutal du premier traitement aboutit presque toujours à une rechute, et parfois même à une aggravation. Le grattage ou l'épluchage des plaques entretiennent aussi la maladie : pensez-y et retenez-vous ! Si vous suivez les recommandations du médecin pour lutter contre la sécheresse cutanée (qui accélère le renouvellement de l'épiderme et favorise les démangeaisons), le psoriasis peut rester très localisé et muet pendant longtemps. Sinon, il risque de s'étendre (dans 20 % des cas), et devenir un vrai cauchemar.

Infos pratiques
UNE ADRESSE PRÉCIEUSE

L'Association pour la lutte contre le psoriasis a été fondée par des patients pour soutenir les malades et les informer. Elle peut répondre à vos questions ou vous adresser des brochures à ce sujet. Son site Internet (www.aplcp.org) offre également une information claire sur la maladie et ses traitements.
APLCP, parc du Bondon, 23, rue Comtesse-de-Ségur, 56000 Vannes ; tél. : 02 97 46 48 56 ; fax : 02 97 63 08 59.

ÊTRE BIEN DANS SA PEAU

3

Il n'y a pas que les maladies de la peau qui nous gâchent la vie. Les dartres et les lèvres qui se fendent l'hiver, les coups de soleil systématiques chaque été, les vergetures qui nous transforment en zèbre, et la cellulite en tôle ondulée… Sans parler de ces poils qu'on n'a pas épilés au moment précis où on nous invite à la piscine. Il y a vraiment de quoi devenir parano ! Ce qui n'arrange rien, car notre peau réagit aussi à nos émotions : on rougit, on blêmit… ou l'on se couvre de boutons !

Ces problèmes – ô combien fréquents ! – ne sont pourtant pas si terribles à affronter. Ils peuvent se prévenir ou s'atténuer lorsqu'on sait comment faire. Si vous y mettez un peu du vôtre, demain, quand vous vous observerez sous toutes les coutures dans le miroir, vous vous sentirez réconcilié(e) avec l'image qu'il vous renvoie. Prendre soin de sa peau, c'est prendre soin de son corps et de son être tout entier. Afin de se sentir mieux dans sa vie et avec les autres. Alors, prêt(e) à sauver votre peau ?

LA MÉTÉO DE VOTRE PEAU

« *J'ai beau être châtain, je suis très sensible aux coups de soleil. Je le sais, et pourtant, je me fais toujours avoir. Plusieurs étés de suite, j'ai notamment oublié de me mettre de la crème solaire sur les oreilles et je me suis retrouvée avec deux horribles choux rouges-violacés qui cuisaient !* »

Caroline, 14 ans.

« *Aux sports d'hiver, j'ai souvent les joues rouges qui me brûlent avec plein de petits boutons. Le pharmacien m'a dit que c'était une intolérance au soleil. C'est vrai que j'ai une tendance allergique et souvent des dartres en hiver.* »

Clément, 15 ans.

Le soleil, un faux ami

Le soleil fait du bien au moral. Il améliore également certaines maladies de peau, comme le psoriasis ou la dermatite atopique, et permet à l'organisme de synthétiser la vitamine D, indispensable pour que le calcium se fixe dans les os. Mais il faut s'en méfier, car il nous joue aussi des tours bien moins agréables.

Une bombe à retardement

L'été a la réputation d'atténuer l'acné. Une réputation illusoire, car c'est pour repartir de plus belle après les vacances. Dans un premier temps, les rayons solaires atrophient la glande sébacée et la peau s'assèche en surface, ce qui fait disparaître les boutons. Le bronzage masque le peu qui reste et l'on est tout content. Mais, pour se défendre contre le soleil, la couche cornée s'épaissit également, ce qui a tendance à boucher le follicule. Lorsque la glande sébacée se rouvre brutalement, une fois retrouvée la grisaille, c'est un véritable raz-de-marée de comédons et de boutons qui se libère! Une trêve de quelques semaines qui coûte vraiment cher à long terme.

Alors, avant de partir en vacances, n'oubliez pas de glisser dans votre sac une bonne crème solaire hydratante à fort indice de protection. Et si vous prenez des soins « costauds » pour traiter votre acné, soyez encore plus vigilant(e)s, optez pour la protection maximale : de nombreux médicaments prescrits pour l'acné contre-indiquent toute exposition au soleil.

Choisir la bonne crème solaire

Elle doit être anti-UVB et anti-UVA

Seuls les UVB sont responsables des coups de soleil, mais les UVA sont tout aussi dangereux pour notre peau. Le

Le saviez-vous ?

LE SOLEIL « RÉVEILLE » LE BOUTON DE FIÈVRE

Qu'ils aient déjà eu ou non un bouton de fièvre, 90 % des Français portent en eux le virus (*Herpes simplex*) qui en est responsable. Une fois notre corps contaminé, il ne parvient jamais à s'en débarrasser. Le virus « niche » dans un ganglion du système nerveux, et il peut toujours se réveiller et décider de sortir de sa tanière pour se rappeler à notre mauvais souvenir. Or, les UV fragilisant les défenses de notre peau, il en profite volontiers pour faire une petite percée, sous forme d'une répugnante plaque rouge se couvrant rapidement de vésicules qui démangent, suivie, au bout de quelques jours, par une croûte aussi peu appétissante. Seul moyen de s'en protéger : tartiner ses lèvres avec un stick labial d'indice élevé (supérieur à 30 en UVB et UVA) à la moindre exposition au soleil. Si le contour de votre bouche commence à grattouiller et à picoter, vous pouvez encore vous ruer à la pharmacie pour acheter une crème antivirale, dans l'espoir de limiter les dégâts, mais il est déjà bien tard...

SPF (Sun Protection Factor) est l'indice de protection calculé en fonction du temps que mettent les UVB à déclencher un coup de soleil. Il est mondialement standardisé et plus il est élevé, mieux il vous protège. De 0 à 10, la protection est quasi nulle ; de 10 à 15, moyenne ; à 25, haute protection ; 50 et au-delà, protection maximale. La formulation « écran total » n'est plus légale, car aucun produit ne peut arrêter tous les rayons.

Les dermatologues recommandent d'utiliser une crème SPF 40, au moins durant les premiers jours. Quand votre peau est naturellement très mate ou déjà très bronzée, vous pouvez passer à un indice 20 ou 25. Sauf si vous comptez faire de la haute montagne, du bateau à voile ou si vous prenez un traitement contre l'acné : dans ce cas, l'indice 50 est obligatoire.

Des formules « sur-mesure »

Les produits solaires existent en différentes textures (crème, lait, émulsion, spray), y compris en crèmes teintées. De quoi trouver votre bonheur. Certains sont même spécialement formulés pour les peaux acnéiques (ils sont non comédogènes), autant en profiter : par exemple « Photoderm AKN », de BioDerma (en spray), ou « Minesol Protect, peaux grasses à problèmes », de Roc.

On peut devenir « allergique » au soleil

On manque de soleil, on veut en prendre un maximum d'un coup et, au bout de deux ou trois jours, voici que tout un tas de petits boutons rouges, qui démangent beaucoup, apparaissent sur le décolleté, les mains et les bras, mais aussi parfois sur le dos, les jambes et les pieds. Heureusement, le visage est habituellement épargné et l'éruption a tendance à s'atténuer au fil de l'été. Mais elle risque fort de récidiver l'année suivante.

Ce phénomène très répandu s'appelle la « lucite estivale bénigne ». Elle touche surtout les femmes et débute généralement entre 15 et 30 ans. Ce n'est pas une allergie au sens strict, plutôt une intolérance. On ignore pourquoi, un jour, la peau devient ainsi réactive au soleil. On peut avoir vécu aux Antilles durant toute son enfance, aller à La Baule en juin et déclencher cette maladie de peau à ce moment-là. Si la mésaventure vous arrive, le médecin peut vous prescrire des comprimés anti-allergiques, éventuellement associés à une crème à la cortisone pour calmer les démangeaisons. Afin d'éviter qu'elle se reproduise, il faudra dorénavant vous protéger au maximum (voir page 73). Il peut être utile de préparer sa peau en prenant des gélules solaires un mois avant les vacances et durant tout l'été. Rassurez-vous, cette « allergie » vous embêtera quelques années, puis elle disparaîtra comme elle est venue.

À côté de ces éruptions dues au soleil seul, d'autres peuvent être provoquées par des substances photosensibilisantes

Le saviez-vous ?

IL FAIT « POUSSER » LES GRAINS DE BEAUTÉ

Pendant la puberté, certains grains de beauté apparaissent. De couleur brune ou marron, et de taille variable (entre 1 et 3 mm de diamètre), il peut en surgir jusqu'à une cinquantaine ! On sait aujourd'hui que le nombre et la taille des grains de beauté acquis dépendent de la quantité de rayons solaires reçus et de leur intensité. Et que, certains grains de beauté pouvant se cancériser, il vaut mieux les montrer à un dermatologue s'ils changent de forme ou de couleur.

qui se révèlent toxiques sous ses rayons. C'est le cas de nombreux médicaments anti-acnéiques, de quelques antibiotiques, mais aussi de certains cosmétiques (notamment des crèmes de jour et des produits de maquillage). Même si on les utilise depuis des années, ils peuvent brusquement déclencher une allergie. Méfiez-vous notamment des parfums (y compris les serviettes rafraîchissantes), qui font très mauvais ménage avec le soleil.

Le cancer de la peau « s'attrape » avant l'âge de 20 ans

Le nombre des cancers cutanés est en constante augmentation. Les cas de mélanome (le plus redoutable) ont par exemple triplé entre 1980 et 2000. La raison en est simple : la mode du bronzage. Sur 80 000 cancers de la peau chaque année dans notre pays, 77 000 sont directement liés à des expositions exagérées aux UV, naturels ou artificiels. Cela vous paraît une menace bien lointaine ? Vous avez tort. Car les effets des doses de rayons reçues s'accumulent tout au cours de la vie et l'on sait avec certitude que les bains de soleil sont encore plus nocifs dans l'enfance. D'ailleurs, les médecins commencent à voir des cas de mélanome chez des sujets de plus en plus jeunes (dès 20 ou 30 ans). Nous naissons tous dotés d'un certain « capital solaire » (beaucoup plus important pour les peaux foncées). Chaque exposition prolongée grignote une partie de ce capital. Lorsqu'il a totalement disparu, les cellules abîmées par les rayons ne se réparent plus et peuvent dégénérer en cancer. Même si arborer une peau dorée reste pour vous synonyme de vacances réussies, il faut savoir consommer le soleil avec sagesse et modération.

Vous n'avez pas respecté les conseils de prudence et vous vous retrouvez grillé(e) comme un homard ? Vous ne méritez pas vraiment que l'on vous soulage, mais bon, chacun a droit à un joker… Alors, en cas de coup de soleil, pulvérisez vite de l'eau thermale en bombe sur la zone pour apaiser la douleur. Puis appliquez très souvent de la crème contre les brûlures (type Biafine) en couche épaisse sur la peau bien sèche. Tant que la peau « boit » goulûment la crème, c'est qu'elle en a besoin pour se réparer.

Infos pratiques
LES 4 COMMANDEMENTS À RESPECTER

1. **Évitez l'exposition directe entre 11 et 16 heures.** En France, le soleil est au zénith à 14 heures l'été. Pendant les deux heures qui précèdent et les deux heures qui suivent, les UV tapent à la verticale. Ils ne bronzent pas, ils brûlent !

2. **Si vous sortez pendant les heures « à haut risque », la meilleure protection est vestimentaire :** tee-shirt, chapeau, lunettes.

3. **L'exposition doit être très progressive :** 10 minutes le premier jour, une demi-heure le second, etc., sans jamais dépasser 2 heures par jour.

De toute façon, on ne bronze pas plus en cinq heures qu'en une heure. La substance qui nous donne ce joli teint doré, la mélanine, est produite pour recouvrir les cellules de l'épiderme et les protéger des méfaits du soleil. Quand le corps estime que la dose est suffisante pour protéger les cellules, la production s'arrête.

4. **Rappelez-vous qu'une crème solaire est efficace uniquement si on l'applique toutes les deux heures** (quel que soit son indice de protection), **et en couche assez épaisse pour bien protéger la peau.**

Petit test à faire entre amis

Répondez par « vrai » ou « faux » aux affirmations suivantes.

1. Nous ne sommes pas égaux face au soleil.
2. Le soleil est le même partout.
3. Sous un parasol, on est à l'abri.
4. Le soleil est plus fort en montagne.
5. Dans l'eau, on est tranquille.
6. On attrape davantage de coups de soleil si on reste immobile.
7. On sent si le soleil est dangereux, car il « tape ».
8. Plus les lunettes de soleil sont foncées, mieux elles protègent.

Solutions

1. Vrai. À notre naissance, notre peau dispose d'une plus ou moins grande capacité à réparer les dégâts dus aux UV. Elle est très réduite pour les peaux claires, maximale si on a le teint très mat. Le bronzage étant une réaction d'autodéfense de la peau (qui fonce afin de se protéger des méfaits du soleil), les peaux claires brûleront au lieu de dorer ou, pire encore, resteront blanches comme un cachet d'aspirine.

2. Faux. Plus on se rapproche de l'Équateur, plus il est brûlant. C'est pourquoi il est aussi plus violent en Méditerranée qu'au bord de la Manche.

3. Faux. Le sable réfléchit 15 à 30 % des UV. Méfiance aussi sous un ciel voilé : 80 % des UV passent à travers les nuages.

4. Vrai. Plus on monte en altitude, plus les UV gagnent en

intensité. Les rayons nocifs augmentent de 4 % chaque fois que l'on s'élève de 300 m ; autrement dit, au-dessus de 1 500 m, le risque d'attraper un coup de soleil croît de 20 %. L'hiver, c'est encore pire : près de 80 % des rayons se réfléchissent sur la neige tandis que, à cause du froid, l'épiderme est plus fragile.

5. Faux. Quand on est mouillé, l'eau a un effet de loupe sur la peau. C'est pourquoi on brûle si facilement de la nuque et des épaules en nageant. Ce n'est pas gaspiller de la crème que de s'en passer avant un bain (un produit résistant à l'eau, bien sûr !).

6. Vrai. Mieux vaut être en mouvement plutôt qu'allongé comme un lézard. Lorsqu'on demeure immobile, les rayons « frappent » toujours les mêmes zones, qui risquent de brûler. C'est encore pire si l'on est étendu ; en effet, plus les rayons nous atteignent verticalement, plus ils sont « violents ».

7. Faux. Contrairement aux infrarouges, les UV ne chauffent pas ! Pour peu que le fond de l'air soit frais, ils peuvent nous bombarder sans que l'on s'en aperçoive. C'est pourquoi l'Organisation mondiale de la santé et son équivalent pour la météorologie ont créé une nouvelle échelle, l'index UV, pour nous mettre en garde. Il exprime l'intensité du rayonnement UV. Avec un index 6, sans protection, les peaux fragiles « brûlent » en 25 minutes. À partir de 8, il faut une crème à indice très élevé ou rester à l'ombre.

8. Faux. Des verres foncés ne protègent pas plus que des clairs. Choisissez des lunettes de soleil avec le marquage « CE », une garantie de qualité. La catégorie de protection contre la luminosité va de 1 à 4. À la mer ou sur la neige, il faut des verres catégorie 3 ou 4. C'est important : 10 % des cancers de la peau apparaissent autour de l'œil, et la cornée peut aussi être victime d'un coup de soleil très douloureux.

Peau et froid

L'hiver tend d'autres pièges à notre pauvre épiderme. Le vent glacé et le froid l'assèchent rudement. Normalement, à votre âge, la peau est plutôt grasse, ce qui s'avère enfin un avantage : de même que la graisse des phoques est là pour les protéger... le sébum de votre visage le préserve en partie des agressions de l'hiver. Ce n'est cependant pas l'assurance d'éviter tous les tracas. Car on peut très bien avoir le milieu du visage gras et les joues fines et sèches. Ensuite, si vous décapez votre peau avec des produits trop agressifs (type masques à l'argile), vous éliminez le film hydrolipidique qui la protège et l'assouplit. Résultat, elle va poser les mêmes problèmes qu'une peau sèche : des plaques rouges apparaissent, ainsi que des sensations de picotement et de tiraillement. Méfiez-vous particulièrement de la bise (vent glacial) qui pique le visage et les mains : elle fige le sébum, qui ne s'écoule plus normalement et ne remplit donc plus son rôle protecteur. Du coup, pour résister, les cellules de la peau se recroquevillent et perdent de leur eau.

La bonne attitude

Contrairement à ce qu'on pourrait penser, le contact avec l'eau n'améliore pas la situation, car il élimine, lui aussi, le film hydrolipidique. Bains ou douches répétés, surtout en eau très chaude, contribuent à l'accentuation du dessèchement. Mieux vaut prendre une douche tiède plutôt que de paresser dans la mousse.

La peau n'aime pas beaucoup non plus passer brutalement du chaud au froid. Plus elle est fragile, plus elle risque de réagir, s'ornant de rougeurs diffuses, pouvant aller jusqu'à un début de couperose. Sous l'effet de la chaleur, en effet, les petits capillaires du nez et des pommettes se dilatent et peuvent même éclater. Si vous avez ainsi la peau sensible, veillez à ne pas surchauffer votre chambre (19 °C suffi-

Le saviez-vous ?

QUEL EST VOTRE TYPE DE PEAU ?

Elle brille ? C'est une **peau grasse**. Elle tiraille, picote ? C'est qu'elle est sèche. Elle rougit facilement ? Elle est **sensible**, réactive. Utilisez des produits spécifiés « hypoallergéniques ».

La majorité des personnes ont la **peau mixte** : une combinaison de régions grasses (le plus souvent le front, le menton et autour du nez) et de régions sèches ou normales (joues et tempes).

---

sent) et à humidifier l'air, en déposant de petits bols d'eau près des radiateurs.

Pour les peaux les plus sensibles (souvent, celles qui ont eu du psoriasis ou de l'eczéma allergique), l'hiver est aussi la saison des dartres. Ils forment des taches arrondies, rosées et rêches, qui desquament finement sur les zones très sèches, comme les joues et les bras. Les naturopathes conseillent d'y mettre du suc frais de concombre, étendu de deux fois son poids d'eau. Si vous ne vous sentez pas une vocation d'herboriste, il existe aussi deux crèmes très efficaces et peu chères : la crème au Calendula, des laboratoires Boiron et Cicalfate, une crème réparatrice antibactérienne d'Avène.

Même si votre peau est « normale », vous avez intérêt à la traiter avec la panoplie « spécial hiver » dès que le thermomètre plonge sous les 5 °C, autrement dit à opter pour des crèmes de jour destinées aux peaux sèches pendant les mois les plus froids. Elles neutralisent les irritations et apportent les éléments gras dont l'épiderme a besoin. C'est le moment ou jamais également de « tartiner » votre corps avec une douce crème hydratante, notamment les membres et les flancs, qui ont tendance à devenir très secs en hiver.

Enfin, n'oubliez pas vos lèvres. Protégez-les avec un baume plusieurs fois par jour. Et surtout, évitez de passer votre langue humide dessus ou de tirer sur les peaux mortes !

PEAU ET STRESS : UN LIEN ÉTROIT

« *Quand on a un problème de peau, ça devient une obsession. On se met à s'inspecter à la loupe et on a l'impression que les gens vous dévisagent. On vit tous des moments de honte, des situations humiliantes qui nous minent.* »

Kevin, 16 ans.

« *J'essaie de cacher mes boutons comme je peux quand j'ai un rendez-vous. Mais, la semaine dernière, j'en avais un affreux sur la joue. Je n'osais même plus parler aux gens en les regardant en face. Parfois, je déprime, au point de me dire : "Ce n'est même pas la peine de sortir aujourd'hui, je suis trop moche." En plus, comme j'ai lu que le stress pouvait aggraver l'acné, quand je stresse, je m'en veux, mais je ne peux pas m'en empêcher.* »

Marie, 14 ans.

Le stress entretient avec les maladies des liens très intimes. Il les aggrave toutes. Mais la peau et le cerveau sont particulièrement liés. La raison en est simple : ils ont tous les deux la même origine embryologique ! Ils se forment en même temps, au 21ᵉ jour du développement de l'embryon. Et, à partir de ce moment, les informations ne cessent de circuler entre eux. Pour le meilleur comme pour le pire.

Une contrariété peut déclencher les problèmes...

Tous les médecins considèrent aujourd'hui que les poussées de psoriasis, d'herpès, d'eczéma ou d'acné sont favorisées par le stress et la contrariété. Comment une émotion peut-elle se répercuter ainsi sur la peau ? Le système nerveux traduit cette information en un langage biochimique et la transmet au reste du corps par les neuromédiateurs, des substances chimiques qui lui servent de « messagers ». Or, de même qu'elle possède des récepteurs aux hormones, la peau possède aussi des récepteurs pour ces neuromédia-

L'avis du Pr. Brigitte Dreno

LE STRESS JOUE UN RÔLE DANS LE DÉVELOPPEMENT DE L'ACNÉ

« **P**our l'acné, on a démontré qu'il existe des récepteurs aux neuromédiateurs du stress dans les follicules pileux, confirme le Pr Brigitte Dreno. En cas de stress, une substance est sécrétée autour des glandes sébacées, qui augmente la production de sébum. » Des chercheurs américains ont aussi prouvé que l'anxiété aggravait la maladie en menant une expérience avec 19 étudiants (7 hommes et 12 femmes). Ils ont mesuré leur stress et la sévérité de leur acné en dehors des périodes d'examens, puis au moment des épreuves. Et constaté que l'acné était plus sévère quand la tension était maximale.

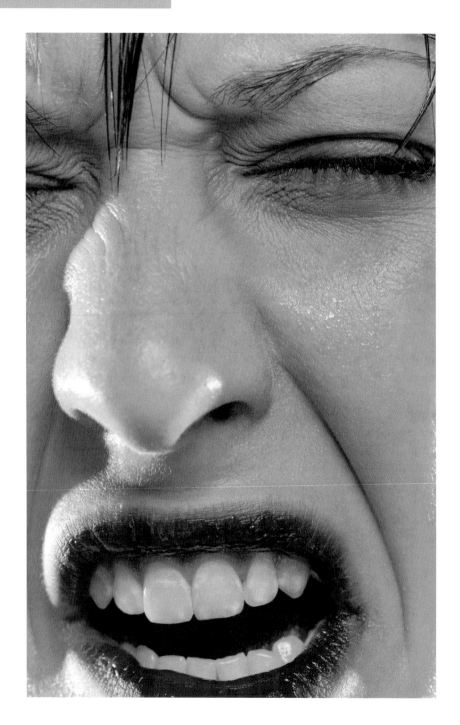

teurs. Il semblerait que les neuromédiateurs puissent ainsi exercer une influence sur l'épaisseur de la peau, sur la fabrication du collagène et du sébum, ainsi que sur la réponse immunitaire, autrement dit, ils peuvent augmenter ou diminuer la capacité de la peau à se défendre. C'est ainsi qu'ils sont capables d'induire – ou de guérir – une maladie cutanée. Et que certaines personnes peuvent développer brusquement une allergie ou voir leurs cheveux tomber à la suite d'un choc affectif.

Une sensibilité à fleur de peau

Ces facteurs psychiques semblent encore plus importants dans certaines maladies de peau comme la dermatite atopique, l'herpès ou le psoriasis. Lorsqu'un événement a une résonance particulière pour nous, entraîne des tiraillements intérieurs, ou lorsqu'on vit en permanence dans la tension (due à des conflits, au sentiment qu'on n'est pas à la hauteur, etc.), cela peut déclencher des poussées ou les aggraver. L'expression « avoir les nerfs à fleur de peau » n'est pas née du hasard. Cependant si l'on a vécu une contrariété, ou si l'on rumine des idées noires, « ce n'est pas notre faute » ! « Il n'y a pas de honte à se sentir angoissé ou à manquer de confiance en soi, affirme le Dr Sylvie Consoli, dermatologue et psychanalyste. Mais, à chaque fois qu'une maladie de peau se montre particulièrement rebelle, ou intense, et que le médecin n'arrive pas à la contrôler, il faut se poser la question : est-ce que notre moral n'entrerait pas en jeu ? Et il faut alors chercher un dermatologue avec lequel on a une bonne relation, un allié à qui on peut confier ce qu'on ressent, comment l'on vit les traitements, si on a du mal à les suivre, etc. »
Comme Sylvie Consoli, de plus en plus de médecins sont ouverts à la dimension psychologique des maladies de peau. En soulageant l'anxiété de leurs patients, ils arrivent à guérir des peaux qui résistaient aux traitements.
Avec un peu de bonne volonté, on peut voir aussi les choses

L'avis du Dr Sylvie Consoli

APPRENDRE À FAIRE LA PART DES CHOSES

« **L**e risque, c'est de mettre toutes ses difficultés sur le compte de sa peau. De penser que si l'on est angoissé, mal à l'aise avec les gens, c'est uniquement à cause d'elle. Bien sûr, elle peut aggraver ces difficultés, mais elles étaient déjà là avant. De même, on peut être tenté de se "servir" de sa maladie de peau pour éviter des situations qui nous stressent : oser aborder quelqu'un ou aller à une fête, par exemple. Dans ce cas, il faut y aller quand même, et réfléchir à ce qui nous fait vraiment peur. Sinon, une fois notre peau guérie, on se rendra compte que notre manque de confiance en soi, lui, ne s'est pas amélioré. »

positivement, comme Sylvie Consoli : « En fait, ce problème de peau offre une occasion pour parler de soi, de ses difficultés, afin d'aller vraiment bien et de se réparer, pas seulement de l'extérieur. »

Alors, essayez de prendre un peu de recul, car il ne faudrait pas l'oublier, l'inverse est aussi vrai : tous les problèmes physiques s'améliorent quand le moral est au beau fixe ! Ne vous découragez pas, essayez de vous remplir de bonnes choses : un projet, un sport qu'on aime, un amour, une amitié, etc., aident à guérir.

Avoir des problèmes de peau, ça vous plombe le moral !

Malheureusement, si le moral influe sur l'état de la peau, rien de tel non plus que des plaques rouges ou des boutons sur la figure pour vous faire descendre illico au trente-sixième dessous ! Comment une peau malade ne deviendrait-elle pas source de malaise, puisqu'elle s'affiche sans vergogne aux yeux de tous ? Même si tous les ados ou presque traversent leur « période acné », celui qui subit ce préjudice esthétique a toujours l'impression d'être à part, il lui semble que tous les autres ont une peau nette et il se demande pourquoi le sort s'acharne ainsi sur lui. Certains se mettent alors à vivre au rythme de leurs manifestations cutanées, s'endorment en espérant… pour mieux déprimer au matin à la vue du bouton apparu sur le menton. Deux jours plus tard, ils verront la vie en rose, parce que le gros bubon au milieu du front a enfin disparu. Mais cette épée de Damoclès perpétuellement suspendue au-dessus de la tête, ce n'est pas une vie! On ne pense plus qu'à ça, on ne voit plus ses qualités, on se trouve nul, on a trop honte pour se montrer et, comme on se sent de plus en plus mal, on a tendance à tripoter ses boutons ou ses plaques, pour tenter de les faire disparaître plus vite ou par simple nervosité… au risque de laisser des cicatrices! Si vous essayiez de vous montrer plus bienveillant avec vous-même, comme vous le seriez avec un ami?

Un cercle vicieux

De même qu'une « mauvaise passe » psychologique peut entraîner une maladie de peau, une maladie de peau peut constituer un handicap pénible et avoir des répercussions psychologiques importantes. C'est bien pourquoi il ne faut jamais la négliger. Sinon, au bout d'un moment, c'est la confusion totale : on se sent abominablement « mal dans sa peau » et l'on ne sait plus si c'est parce qu'on a ce problème, ou si c'est le contraire et que notre mal-être l'entretient, nous empêchant de nous en débarrasser. Certains, qui sont couverts de boutons, ont tout à fait confiance en eux, mais ils ne représentent certainement pas la majorité. Peu de personnes ont la chance d'être aussi solides moralement. Alors, si votre peau est devenue une source d'angoisses, de peurs, de honte, bref si son aspect vous « gâche la vie », n'attendez plus pour trouver le bon dermatologue. Ce serait trop bête.

SE DÉBARRASSER
DE SES COMPLEXES

« *L'an dernier, j'ai pris beaucoup de poids – les médecins disent que je suis à la limite de l'obésité – et de vilaines stries violettes sont apparues sur mes cuisses et mes mollets. Cela m'embête vraiment, notamment quand je vais à la piscine.* »

Jérémy, 14 ans.

« *Je fais 56 kg pour 1 m 67. J'ai le haut du corps plutôt fin, mais des jambes affreuses. Les chevilles comme des poteaux, je n'y peux rien, mais je voudrais bien, au moins, réussir à me débarrasser de ma cellulite aux cuisses. Je fais beaucoup de sport, je me passe des crèmes, mais je ne vois pas d'amélioration, c'est désespérant !* »

Laura, 16 ans.

Peut-on éviter les vergetures ?

Un beau jour, on découvre ces petites zébrures violacées et légèrement gonflées sur les hanches, les fesses, l'intérieur des cuisses ou le ventre, ou encore sur la poitrine pour les femmes. Elles sont dues à une fabrication importante et soudaine de cortisol (une hormone produite par les glandes surrénales). La preuve ? Les sportifs qui se dopent aux anabolisants et à la cortisone en ont partout ! Les périodes de grands chamboulements hormonaux, comme la puberté et la grossesse, constituent des moments « à haut risque », car il peut s'y produire des pics de production de cortisol. La catastrophe touche autant les garçons que les filles. Elle peut se produire en une nuit : le cortisol fait craquer les fibres du derme, pourtant censées être élastiques ! Là encore, la nature est injuste : avec la même quantité de cortisol, certaines peaux seront génétiquement plus fragiles, tandis que d'autres résisteront.

Si la menace pèse au-dessus de votre tête parce que votre père ou votre mère en ont, la seule chose que vous puissiez faire, c'est tenter de ne pas trop grossir. À l'adolescence, la poussée de croissance s'accompagne aussi volontiers d'une

prise de poids rapide. Or, si l'on « gonfle » brutalement, cela tire sur les fibres : fragilisées (comme un élastique tiré au maximum), elles craqueront encore plus facilement sous l'effet du cortisol. Il existe des crèmes antivergetures censées prévenir leur apparition. Vous pouvez toujours vous en tartiner, ça ne fera pas de mal à votre peau : au contraire, ça l'assouplira. Mais ces crèmes sont chères et leur efficacité n'est pas vraiment prouvée. Alors, si c'est trop tard, n'ayez aucun remords.

Il est possible de les faire disparaître

Bonne nouvelle, en revanche : une fois que les vergetures sont là, on n'est plus démunis. « Quand elles viennent juste d'apparaître et sont encore rouges, des séances de laser à

maman !!!

colorant pulsé parviennent à les "gommer" », assure Isabelle Catoni, dermatologue. Le rayon réussit à refabriquer des fibres là où elles étaient cassées. Une ou deux séances suffisent, selon l'étendue des dégâts. Il ne faut pas s'attendre à une partie de plaisir (on ressent une sensation de cuisson), mais la douleur demeure supportable. Ensuite, la zone sera sensible – comme un gros coup de soleil – pendant une petite semaine, et il restera des marques (des ronds rouges) là où le laser est passé, durant environ deux mois. Conclusion : mieux vaut s'y prendre l'hiver plutôt que la veille du départ à la plage ! Il faudra aussi prévoir le budget à l'avance (quitte à emprunter pour ne pas trop attendre) : la séance coûte 150 à 300 euros, selon la surface à traiter.

Avec le temps...

Au bout d'un an, même si l'on ne fait rien, les vergetures deviennent beaucoup moins visibles, leur couleur s'atténue, elles prennent un aspect blanc nacré et se creusent légèrement vers l'intérieur (on pourrait les confondre avec des scarifications). Si vous souhaitez toujours vous en débarrasser, à ce stade il est trop tard pour le laser. Mais, tout n'est pas perdu. Une crème vendue sur ordonnance, à base de vitamine A acide à 0,05 % (Ketrel®), aide le derme à refabriquer des fibres et parvient ainsi à combler les vergetures. Vendue elle aussi sur ordonnance, la crème Retinova®, de Roc, est équivalente, mais elle coûte environ 20 euros, au lieu de 4 euros pour Ketrel®. Afin que ces crèmes soient efficaces, il faut s'en passer tous les soirs, sans frotter, en faisant juste pénétrer en douceur. Et comme elles sont irritantes, il est impératif d'appliquer chaque matin une crème émolliente (comme Atopiderme, ou le baume corporel d'Ictyane). Enfin, il faudra être tenace et compter environ six mois avant de vraiment voir un résultat. Les vergetures n'auront pas complètement disparu, comme avec le laser, mais elles se seront néanmoins beaucoup améliorées et, à ce stade, on ne peut pas faire plus.

Bye-bye, la cellulite !

C'est la hantise de la quasi-totalité des femmes à partir de l'adolescence. Elles se pincent le haut des cuisses en traquant le moindre petit capiton, se tartinent de crèmes, vont à la piscine ou pédalent rageusement, dans le seul espoir de s'en débarrasser. Souvent sans grand résultat, il faut bien l'avouer. Car la cellulite installée est difficile à traiter. La cellulite naissante est plus facile à résorber. Vous avez donc raison de vouloir commencer tôt ! Mais êtes-vous certaine d'avoir vraiment des capitons ? Si à l'œil on ne voit rien, si vous êtes mince, musclée et que, même en pinçant votre peau, il faut une loupe pour y discerner des creux et des bosses, vous n'avez aucune raison de paniquer. Vous pouvez toujours lire la suite pour prendre des mesures de prévention et éviter qu'elle ne s'installe... En revanche, vous pouvez aussi être svelte, sportive, et voir malgré tout, très tôt après la puberté, apparaître cette fichue « peau d'orange » qui donne à l'arrière des cuisses un aspect irrégulier. Le phénomène n'est pas dangereux – on peut vivre cent vingt ans avec – et il n'est pas irrémédiable. Mais il va falloir batailler ferme. Alors, pas de quartier pour la peau d'orange !

Qu'est-ce que c'est, cette « peau d'orange » ?

La cellulite est due à la déformation du tissu graisseux situé juste sous la peau. Normalement, autour de toutes les cellules, il y a des fibres avec du collagène. C'est grâce au collagène que nous avons la chair ferme. Notre organisme étant composé à 63 % d'eau, sans cette protéine, malgré nos os, nous ressemblerions plutôt à des méduses. Le collagène forme en quelque sorte le squelette des cellules, afin que notre chair soit consistante. Évidemment, il y a aussi du collagène autour des cellules graisseuses. En forme d'hélice (comme l'ADN), il constitue comme un cordage. Mais, parfois, il se dégrade (parce qu'on mange trop de sucre, par exemple) et n'est plus disposé régulièrement autour de la cellule. Les fibres dégénèrent, se rigidifient, et cette fibrose rend la graisse compacte emprisonnée par la fibrose. Voilà pourquoi elle ne part pas facilement, même avec un régime draconien. On se prive de tout pour gommer sa culotte de cheval, et ce sont les seins qui s'envolent en fumée !

Pourquoi les femmes sont-elles seules concernées ?

La cellulite est aussi due aux œstrogènes (hormones féminines). À la puberté, elles « commandent » un développement des cellules graisseuses situées sous la peau (appelée « adipocytes »), de même qu'elles modifient leur répartition, pour donner au corps ses courbes féminines : la nature en rajoute une petite couche sur les hanches, les fesses et les cuisses, car cette légère réserve de graisse est nécessaire à la bonne « fabrication » d'un bébé. Les filles trop maigres voient souvent leurs règles s'interrompre et ne parviennent pas à tomber enceintes. À la puberté, le corps commence donc à engranger son petit stock de graisse en prévision

L'avis du Dr Philippe Blanchemaison

LA PEAU D'ORANGE :
DE LA GRAISSE ET DE L'EAU !

« La peau d'orange ? C'est du gras, résume le Dr Philippe Blanchemaison, phlébologue, mais une graisse un peu particulière, qui n'est pas la même que celle de l'obésité. Car elle s'associe à deux autres facteurs : de la rétention d'eau et une fibrose, c'est-à-dire la formation de tissu fibreux. C'est parce qu'elle est emprisonnée par la fibrose ou la rétention d'eau qu'elle est si difficile à faire partir. »
La cellulite peut donc être causée plutôt par la rétention d'eau ou plutôt par la formation de tissu fibreux, selon le point faible de chacune. Les traitements seront un peu différents dans les deux cas.

de la maternité. Notre corps a également besoin de graisses pour y puiser une partie de son énergie. Mais si nous mangeons en trop grande quantité par rapport à nos besoins, cet excès va automatiquement se rajouter aux réserves de graisses. C'est pourquoi les femmes un peu fortes courent plus le risque d'avoir une cellulite importante : leurs adipocytes vont grossir, grossir, et comprimer les vaisseaux sanguins et lymphatiques qui les entourent, entraînant un mauvais drainage de l'eau et des toxines. Toutes les conditions sont réunies pour donner un aspect capitonné à l'épiderme.

Même les minces en ont !

Cependant, la cellulite n'est pas forcément associée à un problème de poids. Certaines femmes minces ont plus de mal que d'autres à éliminer les graisses, « c'est pô juste »,

Infos pratiques

LES CONSEILS DU Dr BLANCHEMAISON

– **Augmenter la part des aliments non transformés : fruits, légumes, viandes, poissons, œufs, volailles.**
– **Remplacer, au moins une fois sur deux, les pâtes par des légumineuses (lentilles, soja, haricots secs, etc.).**
– **Essayer d'avoir la main moins lourde sur le sel, qui favorise la rétention d'eau. Nous en consommons en moyenne 11 g par jour, alors que 3 g suffiraient.**
– **Boire de l'eau et se méfier particulièrement de l'alcool : comme il passe dans le sang encore plus vite que le sucre, le corps le stocke aussitôt.**
– **Enfin, manger davantage le matin que le soir, selon la formule : « Un petit déjeuner de roi, un déjeuner de bourgeois et un dîner de pauvre ».**

comme toujours avec la loterie génétique, mais c'est ainsi. Il existe en effet, dans nos cellules, des enzymes génétiquement programmées pour déstocker les graisses. Ces enzymes (lipoprotéine lipase LPL) cassent les molécules de graisse pour faciliter leur « relarguage » dans le sang à chaque fois que l'organisme en a besoin. Leur activité sera plus ou moins intense.

Malheureusement, en plus des hormones qui nous font stocker des graisses et de la génétique qui peut entraver leur élimination, il arrive qu'un troisième larron nous joue un mauvais tour : souffrir d'une mauvaise circulation dans les jambes compromet aussi la bonne évacuation du gras. Les veines, dont le rôle est de ramener le sang chargé de toxines vers le cœur, servent aussi d'« éboueurs » pour les déchets des cellules grasses. Si leur drainage est déficient, le gras s'accumule. Et ce n'est pas tout ! Les vaisseaux lymphatiques, parallèles aux veines, absorbent l'excès d'eau qui baigne toutes nos cellules et servent de soupape de sécurité quand on souffre d'une mauvaise circulation et que les capillaires veineux ne font pas bien leur travail. Mais parfois ils sont débordés… et l'on souffre de rétention d'eau. « La mauvaise circulation veineuse est probablement la première responsable de cellulite, estime le Dr Blanchemaison, bien que la part de chacune de ses causes varie d'une femme à l'autre. »

Bien dit !

Selon le Dr Blanchemaison, « la génétique est responsable environ pour un tiers de la cellulite ». Il reste deux autres tiers sur lesquels nous pouvons agir !

Peut-on y échapper ?

La cellulite résultant d'un déséquilibre entre la fabrication du gras et son déstockage, on peut toujours la limiter en luttant contre la sédentarité et en surveillant son alimentation. La quantité de nourriture avalée compte beaucoup : si on mange plus que ce qu'on brûle, fatalement on va stocker. Mais la qualité joue aussi. Certains aliments ont tendance, plus que d'autres, à se déposer sur nos cuisses. Il s'agit surtout des mauvaises graisses : les acides gras

« trans », que l'on trouve notamment dans la biscuiterie industrielle (biscottes, gâteaux, viennoiseries, céréales du petit déjeuner, etc.), mais aussi des acides gras saturés qui abondent dans le beurre et les fromages. Si vous êtes adepte des pizzas avalées à la sauvette, des sachets de frites ou des bonbons, le tout arrosé de bonnes boissons sucrées, il vous faudra sans doute choisir entre tous ces délices et votre silhouette. « Il faut apprendre à faire coïncider ses désirs et ses besoins, résume le Dr Blanchemaison, de façon à trouver du plaisir en mangeant une nourriture saine, et ne plus se ruer sur les "calories vides". Une cellule n'a pas besoin de Nutella ! Alors, plutôt que de vous jeter sur le pot en compensation, essayez d'élargir la palette de vos plaisirs. Une orange pressée dans de l'eau de Badoit, par exemple, est bien meilleure que l'Orangina. »

Le sport peut-il aider ?

Un sport, quel qu'il soit, ne vous fera pas perdre 3 cm de tour de cuisse en un mois. Pourtant, indirectement, il contribue à améliorer la situation. Car il brûle les graisses, tonifie les muscles et, par-dessus tout, stimule la circulation sanguine et lymphatique. La bonne remontée du sang depuis les pieds dépend en effet de la tonicité de la paroi de la veine, mais aussi de la qualité des muscles. Même lorsqu'on se tient immobile, debout, ils fonctionnent. À l'inverse, moins on est musclé, plus les veines se dilatent et peinent à remplir leur rôle. Il est donc primordial de garder des jambes toniques.

L'effort le plus efficace contre la cellulite doit être d'intensité moyenne et assez prolongé (au moins 30 minutes) : l'organisme puise alors l'énergie nécessaire dans les stocks de graisses, tandis qu'un sprint trouve plutôt son carburant dans les réserves de sucres. Grandes randonnées, escalade, roller, gymnastique, sports aquatiques, etc., l'essentiel est d'aimer suffisamment une discipline pour la pratiquer régulièrement. Car masse graisseuse et masse musculaire sont comme des vases communicants. Moins on a de masse musculaire, plus on gagne de masse grasse : la nature a horreur du vide ! Pour vous motiver, sachez que le sport aide aussi à lutter contre le stress… qui a tendance à augmenter le dépôt de graisse.

À quel traitement se fier ?

La cellulite touchant 90 % des femmes, les vendeurs de recettes miracles se bousculent sur le marché. Parmi toutes leurs promesses, on en trouve beaucoup au rayon « farfelu » ou « attrape-nigaud ».

Cellulite liée à une mauvaise circulation du sang ?

Si votre cellulite est liée à une mauvaise circulation, vos jambes et vos chevilles ont tendance à gonfler et se marquent de bleus au moindre choc, les chaussettes laissent une marque sur la peau, votre poids peut varier de deux kilos en deux jours. Le plus important dans ce cas est de rester

active pour entretenir vos muscles et d'éviter la chaleur qui détend les veines. L'eau fraîche est votre meilleure alliée : quand on marche dans les vagues au bord de la mer, que l'on nage ou que l'on fait de l'aquagym, la cellulite se trouve prise en sandwich entre la pression exercée en profondeur par les muscles et celle exercée en surface par le courant d'eau. L'exercice sous l'eau réalise ainsi un « drainage actif », le meilleur.

Le drainage lymphatique donne aussi de bons résultats. Il décongestionne et fait dégonfler les jambes. Il peut être pratiqué manuellement par un kinésithérapeute ou à l'aide d'une machine (on parle alors de « pressothérapie »), à condition que ce soit du bon matériel (type Eureduc ou Lymphapress ; on a le droit de demander au kinésithérapeute quel est son équipement). Le principe est simple : on enfile des bottes qui se gonflent d'air puis se dégonflent en remontant des pieds vers le haut de la cuisse. Très agréable, le drainage manuel repose sur des pressions indolores et légères qui relancent la circulation lymphatique. Après une douzaine de séances (d'au moins 30 minutes), à raison de deux par semaine, on constate que la rétention d'eau a diminué. Le prix minimal de la séance est de 15 euros, mais les tarifs sont libres.

« Je m'étais lancée dans un programme anticellulite intensif et j'avais vraiment vu des résultats (j'étais passée de la taille 40 au 38). J'ai réduit les graisses de mon alimentation, terminé chaque douche par un jet d'eau froide de quelques minutes, des pieds aux fesses, quotidiennement j'allais nager ou je faisais au moins un quart d'heure de gym, et je me massais deux fois par jour avec la crème PerfectSlim en imitant les mouvements du palpé-roulé. Le drame, c'est qu'il suffit d'arrêter une semaine pour que la cellulite revienne ! Or je ne me crois pas capable de tenir ce rythme toute ma vie. »

Camille, 17 ans.

Votre cellulite est plutôt fibreuse ?

Si la fibrose est la principale cause de votre cellulite, la zone est durcie et douloureuse quand vous pincez la peau. Vous auriez intérêt à essayer le célèbre massage « palpé-roulé ». Ce mouvement, pratiqué en institut ou par des kinésithérapeutes, pétrit la graisse et en éclate les cellules. Le principe est simple : on pince la peau entre le pouce et l'index et on la fait rouler sous les doigts en remontant des genoux jusqu'aux hanches. La main du masseur est de plus en plus souvent remplacée par une machine, le Cellu-M6®. Composé de deux rouleaux mobiles associés à un système d'aspiration de la peau, cet appareil reproduit parfaitement le palpé-roulé. Il enclenche l'élimination de la graisse, de l'eau en excès, et assouplit la fibrose. « C'est la seule méthode qui a scientifiquement prouvé son efficacité, précise le Dr Blanchemaison. Elle ne réussit pas chez tout le monde, mais dans 60 % des cas. » Une cellulite moyenne nécessite une quinzaine de séances (d'environ une demi-heure). Le coût varie de 35 à 60 euros selon le praticien, et l'on peut dénicher un kinésithérapeute qui pratique cette « endermologie » près de chez soi en appelant le 0800 803 806. Le laser ou tous les autres appareils – souvent fort chers – qui peuvent être proposés n'ont pas encore réellement fait la preuve de leur efficacité.

Et la chirurgie esthétique ?

« Quand on est jeune, il vaut mieux attendre et essayer de lutter de façon plus naturelle, recommande le Dr Blanchemaison. La liposuccion est surtout efficace quand il n'y a pas beaucoup de rétention d'eau et de fibrose, pour la face interne du genou ou une culotte de cheval localisée, par exemple. Mais la cellulite va revenir et il sera beaucoup plus délicat de réintervenir, dix ou vingt ans plus tard, sans créer un fort déplaisant paysage de "tôle ondulée". C'est pourquoi il vaut mieux ne pas y recourir trop tôt. »

Vaincre la cellulite sans efforts, ce n'est pas encore pour aujourd'hui. Et, pour la tenir sous contrôle, il faut souvent la combattre toute sa vie.

Les crèmes servent-elles à quelque chose ?

« Les crèmes ont fait des progrès, reconnaît le Dr Blanchemaison, et quelques-unes semblent efficaces. Même si une faible proportion du produit atteint les lipocytes (cellules graisseuses), elles peuvent faire perdre 2 ou 3 % de masse grasse et elles améliorent l'aspect extérieur. »
Les formules de ces crèmes contiennent souvent de la caféine, dont on a prouvé qu'elle favorisait le déstockage des graisses. D'autres produits drainants ou antifibrose y figurent, ainsi que des composés qui permettent aux produits actifs de mieux traverser la peau et de se diriger préférentiellement vers les cellules graisseuses. Cependant, pour obtenir des résul-

tats, il faut renouveler l'application durant des semaines, matin et soir, en massant bras et jambes du bas vers le haut. Pour le ventre, on procède dans le sens des aiguilles d'une montre avec la paume de la main, en grands mouvements circulaires. Idéalement, ce massage doit être effectué juste avant un exercice musculaire qui permettra de brûler les graisses ainsi « décrochées » : dix minutes de vélo, une marche rapide ou une séance de gym. Il ne faut pas espérer de miracle, mais l'aspect peau d'orange sera atténué, la peau deviendra plus ferme, et 1 à 3 cm seront peut-être perdus. Parmi les valeurs sûres : « Concentré Lipo-Réducteur », d'Elancyl ; « Total Lift Minceur capitons rebelles », de Clarins ; « Retinol anticellulite modelling plus », de Roc ; Percutaféine.

Toutes les solutions d'épilation

On naît génétiquement programmé : on sera plus ou moins poilu. Les garçons se réjouissent généralement de ce signe de virilité… bien qu'on en rencontre de plus en plus dans les cabinets d'esthétique qui n'apprécient pas particulièrement d'avoir le dos ou la poitrine « comme un gorille ». Les filles, elles, sont unanimes à s'en désespérer. Chez les brunes, évidemment, cela se voit davantage. Mais, même blonde, quand le gazon pointe bien dru de plusieurs centimètres à travers les mailles du collant, on ne peut pas dire que ce soit très discret, même l'hiver. Et l'éliminer toute l'année n'est pas une mince entreprise : tous les follicules pileux réunis sur le corps produisent l'équivalent de 12 km de poils par an ! Alors, certaines, comme Estelle (17 ans), rêvent déjà d'épilation définitive.

« J'en ai tellement assez de m'épiler jambes et aisselles à la cire que je suis prête à travailler tout un été pour m'offrir une épilation au laser et être définitivement débarrassée de cette corvée. »

Estelle, 17 ans.

Infos pratiques
ET POUR LE VISAGE ?

« Un autre traitement est possible, notamment pour le visage, précise Isabelle Catoni, dermatologue. Il s'agit d'une crème sur ordonnance, Vaniqua®, qui s'applique matin et soir. Elle empêche la pousse des poils, qui tombent peu à peu et ne sont pas renouvelés. » Au bout de trois mois, la place est nette (pour 40 euros le tube, non remboursé). Attention, la crème doit être appliquée seulement sur une petite zone, sinon elle risquerait d'entraîner une chute des cheveux. Évidemment, quand on l'arrête, les poils repoussent comme avant.

Vous avez de la chance, la lutte contre les poils, aujourd'hui, dispose de toute une panoplie d'armes perfectionnées, efficaces et sans danger. Chacun(e) peut trouver la sienne.

Votre « fourrure » est-elle normale ?

L'hormone mâle est la clé de la pilosité, même chez les filles. Les poils génitaux et ceux des aisselles sont dus aux androgènes (hormones mâles) sécrétés par les ovaires. Ceux du reste du corps, aux androgènes sécrétés par une petite glande située au-dessus du rein, la corticosurrénale. Certaines femmes n'ont vraiment pas de chance : elles ont même de la moustache et des poils sur le ventre, les fesses… Dans ce cas, il est bon de consulter un médecin. Il prescrira une prise de sang pour vérifier le taux d'hormones et, même si celui-ci semble normal, il pourra vous prescrire des médicaments pour guérir cette pilosité exagérée.

Il existe en effet des traitements efficaces, à base d'antihormones mâles. Quand le trouble est léger, la pilule Diane® (ou son générique) suffit. Elle contient de l'acétate de ciprotérone à faibles doses, qui empêche la testostérone d'être active. Si le trouble est plus sévère, le médecin prescrira plutôt Androcur®, qui contient le même produit, mais à plus fortes doses.

Les bons outils à la maison

Beaucoup de jeunes filles s'affolent en se découvrant quelques poils sur les seins, autour de l'aréole. Ne vous prenez pas pour un monstre, beaucoup de femmes en ont. Il faut éviter de les arracher à la pince à épiler, car vous risqueriez de vous infecter. Essayez plutôt la décoloration, soit à l'eau oxygénée, soit avec un produit (Veet, Blondépil) acheté en pharmacie. Le temps de faire la préparation, de laisser poser et de retirer la crème, il vous faut 10 minutes. Et vous pouvez utiliser le reste sur le petit duvet qui orne votre lèvre supérieure… s'il vous gêne.

Pour les autres parties du corps, si vous n'êtes pas trop sensible, l'épilation à la cire offre le remède le plus efficace. On a la paix durant trois ou quatre semaines. Et, à terme, les poils se fatiguent et leur densité diminue! Il est possible d'utiliser de la cire froide, vendue en bandes, ou bien un applicateur de cire que l'on met au micro-ondes avant d'étaler la cire chaude en fines couches (la cire se retire avec des bandes fournies dans le paquet). Il faut toujours appliquer la cire

Tu crois que ça sera super-éclairé, là-bas ?

dans le sens du poil et l'arracher dans le sens inverse tout en maintenant la peau fermement. L'opération terminée, appliquez un produit pour désinfecter et éviter la formation de boutons. Bien que ce soit, avant tout, une crème contre les brûlures, la Biafine fait merveille, d'ailleurs la majorité des esthéticiennes professionnelles l'utilisent.

Cela dit, il n'est pas facile de s'épiler soi-même à la cire l'arrière des cuisses. Si vous pouvez obtenir un petit budget pour confier l'opération à un institut, ce n'est pas plus mal (il faut compter environ 30 euros et une demi-heure pour avoir les jambes et le maillot entièrement nets).

Si vous êtes douillette, vous pouvez opter pour la crème dépilatoire (notamment pour les aisselles). Mais attention, à la moindre sensation de brûlure, il faut la retirer. Cela signifie que votre peau ne la tolère pas. Elle risque de se mettre à rougir et de se couvrir de petits boutons.

Les paresseuses ou les impatientes préféreront encore le rasoir. Le résultat est souvent moins net et les poils ont tendance à piquer quand ils repoussent. Mais il est utile d'en avoir un sous la main, en dépannage d'urgence (les marques ont sorti des modèles spécial filles, mieux adaptés à leurs mains et moins irritants). N'oubliez pas de mouiller votre peau avant, puis d'appliquer une mousse ou un gel à raser. Massez pour bien ramollir l'épiderme, puis passez le rasoir en allant de bas en haut.

L'épilation définitive : du rêve à la réalité

Ce ne sont pas des fadaises : il existe réellement des techniques qui détruisent le bulbe du poil et nous débarrassent à jamais de son indésirable présence. Cependant, l'opération n'a rien d'un coup de baguette magique. Car la destruction définitive du poil ne peut avoir lieu que durant sa période de croissance. Or son cycle de vie, le même que celui du cheveu (voir page 42) dure 6 à 18 mois selon les zones. Tous les poils ne se trouvant pas au même stade d'évolution en même temps, il faudra toujours plusieurs séances, étalées sur ce laps de temps, avant qu'ils soient tous exterminés. Que l'on fasse appel à l'épilation électrique ou au laser, le nettoyage traîne un peu en longueur et le portefeuille se vide… Autre limite, encore plus importante : celle de l'âge. La pilosité étant stimulée par les hormones, on ne peut rien tenter tant qu'elles ne sont pas un peu « calmées ». C'est pourquoi les filles doivent être réglées depuis au moins deux ou trois ans. Quant aux garçons, ils doivent attendre au moins jusqu'à l'âge de 20 ans. Seule exception pour les deux sexes : les sourcils, que l'on peut « élaguer » dès 12-13 ans.

L'épilation électrique pour le visage

L'épilation électrique permet de détruire les cellules responsables de la repousse du poil en faisant glisser dans chacun une fine aiguille jetable – isolée pour éviter de brûler la peau – qui conduit un courant électrique jusqu'au bulbe. Le principal inconvénient, c'est la longueur du travail : on opère poil par poil, vous imaginez !

Conseils de pro

Après l'épilation à la cire, n'hésitez pas à user et abuser de la Biafine pour éviter les irritations et les sensations de brûlure !

Le saviez-vous ?

SI VOUS AVEZ DES POILS ROUX, OUBLIEZ LE LASER !

Le laser ne reconnaît pas les poils roux. Il a aussi du mal à repérer les poils blancs ou gris (vous pourrez le dire à vos aïeux) et même les blonds très fins. C'est un appareil vraiment capricieux !

Les garçons devront aussi se passer de ses performances. Alors qu'une femme, à 18 ans, sera débarrassée de son cauchemar en cinq séances, chez un homme trop jeune les séances de laser ne servent à rien. Pire, elles semblent stimuler la pousse ! Jusqu'à 40 ou 50 ans (quand les hormones mâles commencent à décroître), les messieurs ont intérêt à préférer la cire.

Les séances se multiplient et la facture s'allonge. Aussi, bien que rien n'empêche, en théorie, de traiter de grandes surfaces comme les jambes, dans les faits, on réserve plutôt cette technique pour de petites zones : lèvre supérieure, menton, sourcils trop rapprochés, poils isolés des seins ou de la ligne abdominale. Pour les petites surfaces, l'épilation électrique revient moins cher que le laser (à partir de 45 euros la séance d'environ 20 minutes). Les aiguilles font un peu mal et l'on peut demander une anesthésie locale, mais uniquement si l'on s'adresse à un médecin, qui prescrira une crème à appliquer deux heures avant. Après la séance, la peau peut rester rouge et gonflée pendant un ou deux jours. De petites croûtes peuvent se former qui disparaîtront environ une semaine plus tard, sans laisser de cicatrices. Parfois, surtout chez les brunes, des taches pigmentées apparaissent, qui régressent en quelques mois. L'exposition au soleil (et aux ultraviolets artificiels) est interdite pendant au moins un mois. Comme il s'agit du visage et qu'on ne peut rester enfermé tout ce temps, il faudra donc penser à se munir d'un écran solaire à protection maximale dès que le ciel est bleu.

Le laser : rapide mais coûteux

Pour les grandes surfaces, plus question de procéder poil par poil. On préfère désormais faire appel au rayon laser. Son action sur la pilosité a été découverte par hasard, il y a une dizaine d'années, en constatant le retard de repousse sur les peaux traitées pour détatouage. Après avoir coupé les poils à 1 mm, le médecin envoie un rayonnement lumineux qui est absorbé par la mélanine, le pigment du poil. L'énergie lumineuse se transforme alors en chaleur qui détruit le bulbe. Avantage énorme par rapport à l'épilation électrique : le gain de temps. Pour les jambes et le maillot, par exemple, en électrique, chaque séance durerait plus de trois heures. Plutôt astreignant, sans compter la douleur ! Alors qu'avec le rayon laser, le tour est joué en 40 minutes. Le laser est donc employé de préférence pour les zones fournies : bras, aisselles, maillot, jambes chez les femmes ; torse, cou, dos, épaules chez les hommes. Comme avec l'épilation électrique, il faut toujours cinq séances au minimum pour chaque zone traitée. Leur prix varie de 90 à 300 euros selon l'étendue de la zone (à débourser donc tous les deux ou trois mois). Au total, il faut compter environ 1 500 euros pour les deux jambes ! Mais on n'a plus de poils jusqu'à la fin de sa vie, et l'on économisera dorénavant sur le budget épilatoire. En plus, le laser améliore la texture de la peau : les poils incarnés, les taches, les boutons, etc. disparaissent.

A priori, la séance est moins pénible qu'avec l'épilation électrique. Mais on peut toujours réclamer un gel anesthésique local au médecin. Après chaque séance, il demeure des petits points rouges pendant une heure. On doit appliquer une crème hydratante pendant trois jours et éviter le soleil pendant huit jours. Pour empêcher une hypopigmentation (taches blanches), il faut épiler à distance d'un bronzage (au moins un mois avant et plusieurs mois après). Mieux vaut donc s'y atteler l'hiver. Pour la même raison, seul le laser YAG est indiqué pour les peaux noires. Plus douloureux, il nécessite un peu plus de séances.

Jean-Marc Trauchessec, *SOS peau*, éd. Frison-Roche, 1994. Un dermato de renom fait un bilan complet des connaissances sur la peau et donne des conseils (hygiène, verrues, cosmétiques, etc.).

Pr Brigitte Dreno, Olivier Chosidow, *Acné : des conseils pour votre quotidien*, éd. John Libbey Eurotext, 2003.

Thérèse Ellul-Ferrari, *Cheveux et nutrition*, éd. Josette Lyon, 2005.

Claude Bénazéraf, *Les Chagrins de la peau*, éd. Grasset, 1994. Comment l'acné, l'eczéma, etc., dépendent de notre état psychologique.

Danièle Pomey-Rey, *La Peau et ses états d'âme*, éd. Marabout, 2003.

Dr Sylvie Consoli, *La Tendresse*, éd. Odile Jacob, 2003.

Dr Philippe Blanchemaison, *Vaincre la cellulite*, éd. Albin Michel, 2005.

Pr Pascal Demoly et Dr Florence Trebuchon, *Les Allergies*, 2 vol., collection « Rumeurs et Réalités », éd. Médi-Text, 2004.

Toute ma reconnaissance et mes plus vifs remerciements
au Pr Brigitte Dreno, présidente de la Société française de
dermatologie et membre du Grea (Groupe de Recherche et
d'études sur l'acné), ainsi qu'aux Dr Sylvie Consoli et Isabelle
Catoni, dermatologues, au Dr Philippe Blanchemaison,
phlébologue, et à Mireille Miroglio, spécialiste des cheveux pour
la marque René Furterer. Leurs conseils avisés et leur relecture
m'ont beaucoup aidée dans la rédaction de cet ouvrage.
Merci également à la pharmacie de Plaisance,
à Neuilly-Plaisance, pour ses précieuses informations.

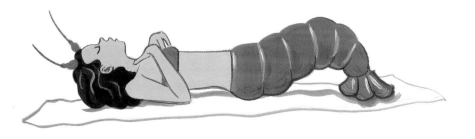

CRÉDITS PHOTOGRAPHIQUES

Conception graphique et réalisation : Rampazzo & Associés

ISBN : 2-7324-3455-8
Loi n° 49-956 du 16 juillet 1949 sur les publications
destinées à la jeunesse
Dépôt légal : septembre 2006
Imprimé en France par Pollina - L40798C